I0098866

www.ingramcontent.com/pod-product-compliance
Lightning Source LLC
Chambersburg PA
CBHW072000040426
42447CB00009B/1414

الحــرب في السماويات

معركة الله مع الشر

ديريك برنس

«لأَنَّنَـا وَإنْ كُنَّـا نَسْلُكُ فِي الْجَسَـدِ، لَسْـنَا حَسَـبَ الْجَسَـدِ نُحَـارِبُ، إذْ أَسْـلِحَةُ مُحَارَبَتِنَـا لَيْسَـتْ جَسَـدِيَّةً، بَـلْ قَـادِرَةٌ بِـاللهِ عَلَـى هَـدْمِ حُصُـونٍ. هَادِمِينَ ظُنُونـاً وَكُلَّ عُلْـوٍ يَرْتَفِـعُ ضِـدَّ مَعْرِفَـةِ اللهِ، وَمُسْتَأْسِـرِينَ كُلَّ فِكْرٍ إِلَى طَاعَـةِ الْمَسِيحِ».

(٢ كورنثـوس ١٠: ٣ - ٥)

الحرب في السماويات

Originally published in English under the title
War in Heaven
ISBN 9781901144239

Copyright © Derek Prince Ministries – International
All right reserved

المؤلف : ديريك برنس
الناشر : المؤسسة الدولية للخدمات الأعلامية ت:201008559890+
المطبعة : سان مارك ت:23374128 202+
التجهيز الفني : جى سى سنتر ت:27797124 202+
الموقع الإلكتروني : www.dpmarabic.com
البريد الإلكتروني : info@dpm.name
رقم الإيداع : 5751 / 2008
الترقيم الدولي : 977-6194-13-3

Arabic Printing 2017
Derek Prince Ministries – International
P.O. Box 19501
Charlotte, North Carolina 28219
USA
Translation is published by permission

Copyright © Derek Prince Ministries – International

www.derekprince.com

DPM

المحتويات

تمهيد

لا يُخفى على أحد أن الحياة من حولنا مليئة بالصراعات والحروب، فما السبب في ذلك ؟ وهل تقدم لنا الأسفار المقدسة تفسيراً لما يجري؟ على الرغم من أن الكتاب المقدس يخبرنا بكل ما نحتاج لفائدتنا الروحية، إلا أنه يترك عدة أسئلة مفتوحة للتفسير. فلم تمدنا الأسفار المقدسة بدليل يكفي للتحدث بثقة حول بعض القضايا التي سنناقشها في هذا الكتاب وهي تلك القضايا التي قدم الدارسون لها العديد من التفسيرات.

وقد خرجتُ بالإجابات والانطباعات التي أقدمها لكم نتيجة للدراسة، والتأمل، والصلاة، والخبرة العملية. وبالتأكيد أنا لا أدعي أنني قد أجبت على جميع الأسئلة المطروحة. فليس من نهاية لهذه الأسئلة! ولكن يجب علينا ألا نسمح للأشياء التي لا نفهمها أن تحجب عنا الحق الذي يشرحه لنا الله بوضوح.

نعلم يقيناً أن الله عندما واجه عصيان آدم وحواء، وضع خطة سرية محفوظة منذ الأزل، وقد كُشِفَتْ هذه الخطة تاريخياً في حياة يسوع وموته وقيامته، مما فتح لنا الباب للدخول في علاقة خاصة مع الله بما حققه يسوع المسيح على الصليب.

يسوع الذي تنتظر السماء كلها الاستعلان الكامل لنصرته.

(١)

ما هو تصورك عن السماء؟

كيـف تتخيـل السـماء؟ وهـل تؤمـن أصـلاً أن هنـاك سـماء؟ وإن كان كذلك، فهـل تتصورهـا مكانـاً للنوروموسـيقى المرنمين الذيـن يعبـدون اللـه في خلفيـات مـن الجمـال الملهـم الجليـل والبنـاء المتقـن؟ وهـل تتخيـل عروضـاً مبهـرة مـن الذهـب والفضـة مـع مجموعـات ضخمـة مـن الأحجـار الكريمـة؟ هـذا الأمـر حقيقـي بالطبـع، ولكـن هـذه ليسـت الصـورة الكاملـة.

ربمـا تـرى السـماء علـى أنهـا السـطح الداخلـي لقبـة مقعـرة فسـيحة تمتـد فـوق الأرض كلهـا، وعندمـا يقتـرب طـرف القبـة مـن الأفـق تعطيـك الانطبـاع أنهـا لا تغطيهـا بالكامـل، ولكـن ذلـك لا يحـدث أبـداً! فهـي تغطـي الأرض مـن تحتهـا.

لـدى معظمنـا انطباعـات عـن السـماء. عندمـا نتأمـل في الاحتمـالات الكثيـرة والمختلفـة لابـد أن نضـع في الاعتبـار أن هنـاك مصطلحـات متنوعـة تُسـتخدم لوصـف السـماء، فهنـاك

الاسم المفرد «السماء» الذي يؤكد على وحدتها الشاملة، بينما تشير تعبيرات أخرى على انقسامها لعدة أجزاء، أو احتوائها لعدة أماكن. فتفترض مصطلحات «السماوات» أو «السماويات» عدداً من الأماكن المختلفة التي تتجمع كلها تحت عنوان «السماء»، وقد مُنحت هذه الأماكن في أوقات كثيرة لكائنات مختلفة وتمت بها أنشطة متنوعة.

ويكتب بولس في (٢ كورنثوس ١٢ : ٢-٤):

«أَعْرِفُ إِنْسَاناً فِي الْمَسِيحِ قَبْلَ أَرْبَعَ عَشْرَةَ سَنَةً. أَفِي الْجَسَدِ؟ لَسْتُ أَعْلَمُ، أَمْ خَارِجَ الْجَسَدِ؟ لَسْتُ أَعْلَمُ. اللهُ يَعْلَمُ. اخْتُطِفَ هَذَا إِلَى السَّمَاءِ الثَّالِثَةِ. وَأَعْرِفُ هَذَا الإِنْسَانَ. أَفِي الْجَسَدِ أَمْ خَارِجَ الْجَسَدِ؟ لَسْتُ أَعْلَمُ. اللهُ يَعْلَمُ. أَنَّهُ اخْتُطِفَ إِلَى الْفِرْدَوْسِ، وَسَمِعَ كَلِمَاتٍ لاَ يُنْطَقُ بِهَا، وَلاَ يَسُوغُ لإِنْسَانٍ أَنْ يَتَكَلَّمَ بِهَا».

وتشير هذه الفقرة إلى أن هناك إجمالياً ثلاث سماوات، الواحدة تعلو الأخرى مباشرة. والسماء الثالثة هي أعلاهُنَّ حسب وصف بولس، حيث يوجد الفردوس والمكان الشخصي لسكنى الله، وهو أقدس مكان في الكون. ومثل تلك الفقرات هي التي تعطينا المفهوم المرتبط بالسماء ونقائها أو قداستها. والكلمات التي تتردد هناك هي مقدسة ولا يمكن التلفظ بها في أي مكان آخر غير السماء نفسها.

وكلمة «Paradeisos» (الفردوس) هي الكلمة اللاتينية التي تعني «جنة ـ حديقة» وتصف جنة الله في السماء، فالفردوس هو المقصد النهائي لكل الخطاة الذين تابوا توبة حقيقية ثم ثابروا في حياة الإيمان. وفي وسط آلام الصليب قدم يسوع وعداً للص التائب بأنه سيكون معه في الفردوس في ذلك اليوم: «**فَقَالَ لَهُ يَسُوعُ الْحَقَ أَقُولُ لَكَ إِنَّكَ الْيَوْمَ تَكُونُ مَعِي فِي الْفِرْدُوسِ**» (لوقا ٢٣: ٤٣).

يقدم لنا سفر الرؤيا منطقة يشار إليها على أنها «السماء الوسطى» أو «وسط السماء». وحسب فهمي، فإنه يشير الى مساحة ضخمة تتحرك في نطاقها أنواع مختلفة من الكائنات. وتصف الآيات التالية كائنات متنوعة قوية تقدم إعلانات من السماء الوسطى.

«**ثُمَّ نَظَرْتُ وَسَمِعْتُ مَلاَكاً طَائِراً فِي وَسَطِ السَّمَاءِ** [حرفيا السماء الوسطى] **قَائِلاً بِصَوْتٍ عَظِيمٍ:**

«**وَيْلٌ وَيْلٌ وَيْلٌ لِلسَّاكِنِينَ عَلَى الأَرْضِ مِنْ أَجْلِ بَقِيَّةِ أَصْوَاتِ أَبْوَاقِ الثَّلاَثَةِ الْمَلاَئِكَةِ الْمُزْمِعِينَ أَنْ يُبَوِّقُوا**». (رؤيا ٨: ١٣).

«**ثُمَّ رَأَيْتُ مَلاَكاً آخَرَ طَائِراً فِي وَسَطِ السَّمَاءِ** [حرفيا السماء الوسطى] **مَعَهُ بِشَارَةٌ أَبَدِيَّةٌ، لِيُبَشِّرَ السَّاكِنِينَ عَلَى الأَرْضِ وَكُلَّ**

أُمَّةٍ وَقَبِيلَةٍ وَلِسَانٍ وَشَعْبٍ» (رؤيا ١٤ :٦).

«وَرَأَيْتُ مَلاَكاً وَاحِداً وَاقِفاً فِي الشَّمْسِ، فَصَرَخَ بِصَوْتٍ عَظِيمٍ قَائِلاً لِجَمِيعِ الطُّيُورِ الطَّائِرَةِ فِي وَسَطِ السَّمَاءِ :[حرفيا السماء الوسطى] هَلُمَّ اجْتَمِعِي إِلَى عَشَاءِ الإِلَهِ الْعَظِيمِ». (رؤيا ١٩ :١٧).

والكلمة اليونانية المستخدمة للسماء الوسطى هي «Mesouranema» وهي تعني ذلك بدقة، ومن الممكن أن تكون السماء الوسطى هي السماء الثانية.

أخيراً يمكننا أن نفترض أن السماء المنظورة أي السماء التي نراها بعيوننا هي السماء الأولى. وقد اعتاد كل سكان الأرض على رؤية هذه السماء.

ماذا عن سكان السماء؟ أي نوع من المخلوقات هم؟ عادة ما يطلق عليهم «ملائكة». وتشتق كلمة ملاك من الكلمة اليونانية «Angelos» التي هي الكلمة الفصحى لكلمة «رسول». إذاً فالملائكة يُنظر إليهم على أنهم رسلٌ ترسلهم السماء.

على أية حال، فليس كل الملائكة رسلاً. فلديهم وظائف أخرى متنوعة ومهمة. وأيَّاً كانت مهامهم فهم مرسلون من

الله لتنفيـذ مقاصـده. إلا أن الأسفـار المقدسـة تـوضـح أن هنـاك أيضاً ملائكـة أشـراراً يرسلهم الشيطان لتنفيـذ مقاصـده، وفي بعـض الأوقـات قـد تقـع صدامـات وصراعـات بيـن ملائكـة اللـه وملائكـة الشيطان. وتصور الأسفـار المقدسـة بعضاً مـن هـذه الصراعـات خاصـة في سفر دانيـال.

ومـن ثـم، تتضـح أمامنـا الحقيقـة التـي لا مفـر منهـا، وهـي أن عالمنـا كمـا نعرفـه اليـوم هـو موقـع للصراع. وعـلاوة علـى ذلـك، فهـذا الصـراع لا يقتصـر علـى الأرض فقـط، بـل أنـه عامـل جوهـري في كل مـا يحـدث في السـماء.

والملائكـة الذيـن يرسلهم الله لديهـم ثلاث مهام أساسية.

أولاً: يحملـون رسالـة مـن اللـه كمـا ذكرنـا سابقاً. وثانياً: هـم وكـلاء اللـه المرسلون لحمايـة مـن قـد يتعرضـون للخطـر. ويوصـف هـؤلاء عـادة بأنهـم «مَلَائِكَة حُرَّاس». ويتحـدث يسـوع في (متـى ١٨: ١٠) عـن الأطفـال الذيـن لديهـم ملائكـة في السـماء يـرون وجـه الآب دائماً.

وطبقاً للمعنـى الضمنـي، توجـه عيـن اللـه السـاهرة هـؤلاء الملائكـة نحـو الأطفال الذيـن قد يتعرضـون للإصابات المحتملة. ويوجـد في المجموعـة الثالثـة الملائكـة المحاربـون الذيـن ينشـغلون بالصراع مـع الملائكـة المقاومين.

يفترض الكثيـر مـن المؤمنـين أن السـماء هـي مـكان السـلام والانسـجام والجمـال والعبـادة التي لاتنقطع.

وقـد يكـون هـذا صحيحـاً فـي السـماء الثالثـة، إلا أنـه لا ينطبـق على السـماء الأولـى والثانيـة. ترسـم لنـا بعـض الأسـفار المقدسـة صـورة مختلفـة تمامـاً لمـا يحـدث فـي السـماء الثانيـة. وكمـا ذكرنـا بالفعـل، يكـون المشـهد فـي بعـض الأوقات عبـارة عـن صـراع ضخـم بيـن الملائكـة المحاربـة التـي يكـون بعضهـا خادمـاً للـه وبعضهـا الآخـر للشـيطان. ويحـدث مثـل هـذا الصـراع مبدئيـاً فـي المناطـق السـماوية.

يسـكب الشـيطان هنـا أيضـاً تيـاراً مـن الشـكايات الافترائيـة ضـد المؤمنـين الذيـن يخدمـون الـرب علـى الأرض ويصفـه أحـد الملائكـة فـي (رؤيـا ١٢: ١٠) علـى أنـه «الْمُشْتَكِي عَلَى إِخْوَتِنَا الَّذِي كَانَ يَشْتَكِي عَلَيْهِمْ أَمَامَ إِلَهِنَا نَهَاراً وَلَيْلاً».

ثـم يُنبـئ السـفر بعـد ذلـك أن الشـيطان سـوف يُطـرح مـن السـماء. ولكـن يتضـح أن الشـيطان مسـتمر فـي شـغل موقعـه فـي منطقـة مـا فـي السـماويات وأنـه يمـلأ الهـواء بشـكايات شـريرة ضـد شـعب اللـه.

والآيـة التاليـة هـي تحذيـر لسـكان الأرض ممـا سـيحدث

عندما يُطرح إبليس نهائياً من السماء إلى الأرض: «**وَيْلٌ لِسَاكِنِي الأَرْضِ وَالْبَحْرِ، لأَنَّ إِبْلِيسَ نَزَلَ إِلَيْكُمْ وَبِهِ غَضَبٌ عَظِيمٌ، عَالِماً أَنَّ لَهُ زَمَاناً قَلِيلاً**» (رؤيا ١٢: ١٢).

وتتطلع هذه الآيات للفترة التي لا يبقى فيها للشيطان إلا زماناً قليلاً. وقد يكون ذلك قريباً للغاية، إلا إنه لم يتحقق بعد.ولم تتم الأحداث الموصوفة في السماء حتى الآن.

ولابد وأن نكون واقعيين بخصوص أنشطة الشيطان الحالية. يتحدث كثير من المؤمنين كما لو كان الشيطان مقيداً في جهنم، إلا أن هذا ليس صحيحاً. فهناك رئيسان شيطانيان يسميان «الموت» و«الهاوية» وهما يسودان في جهنم، انظر (رؤيا ٢٠: ١٣)، أما الشيطان نفسه فهو يتجول حراً في الكون بأسره. وهذا ما يرسمه لنا سفر أيوب (أيوب ١: ٦-٧).

«**وَكَانَ ذَاتَ يَوْمٍ أَنَّهُ جَاءَ بَنُو اللهِ** [أي الملائكة] **لِيَمْثُلُوا أَمَامَ الرَّبِّ وَجَاءَ الشَّيْطَانُ أَيْضاً فِي وَسَطِهِمْ. فَقَالَ الرَّبُّ لِلشَّيْطَانِ: «مِنْ أَيْنَ جِئْتَ؟» فَأَجَابَ الشَّيْطَانُ: «مِنْ الْجَوَلاَنِ فِي الأَرْضِ وَمِنَ التَّمَشِّي فِيهَا**».

توضح هذه الفقرة أن الشيطان يمكنه أن يدخل إلى

محضر الله برفقة الملائكة الأبرار الذين يخدمون الرب ويبدو من سياق تلك القصة أن الرب هو الشخص الوحيد الذي عرف الشيطان. ولم يعرفه الملائكة الآخرون. ويتفق هذا مع إعلان بولس في (٢ كورنثوس ١١: ١٤) «**لأَنَّ الشَّيْطَانَ نَفْسَهُ يُغَيِّرُ شَكْلَهُ إِلَى شِبْهِ مَلاَكِ نُورٍ!**».

وسنحلل في الفصل القادم أثر هذا الصراع الدائر في السماويات على حياتنا اليومية.

(٢)

الحياة معركة

من الأمور التي وضحت أمامنا وضوح الشمس ومنذ
وقت مبكر أن الحياة مليئة بالصراع، والكفاح، والحرب.
ويقبل الكثيرون منا هذه الحقيقة ببساطة ودون تساؤلات،
ومنذ سنوات رحت أتأمل هذا الأمر وسألت نفسي: ما هو
سبب كل هذا الصراع المحتدم في عالمنا؟ وهل نقبله
على أنه طبيعي على الرغم من كونه غير طبيعي؟ ولماذا
الحروب؟ ولماذا تشتعل الصراعات، والنزاعات؟ وهل تقدم
الأسفار المقدسة تفسيراً واحداً لكل ذلك الصراع؟ وهل له
من بداية وهل سيبقى أبداً؟

تلك هي الأسئلة التي دارت في ذهني لعدة سنوات. وما
أقدمه لك في هذا الكتاب ما هو إلا ثمر التأمل، والصلاة،
والدراسة، وكذلك الخبرة العملية.

عندما ننظر إلى العهد الجديد، نجد أن الصراع الروحي

والحرب الروحية وتبني اتجاه المؤمن كونه «الجندي الروحي» مقبولة كجزء طبيعي من الحياة الإيمانية للمؤمن. فهذا الصراع الروحي ليس شيئاً إستثنائياً قد يواجهه بعض المؤمنين دون غيرهم. ويعلمنا الكتاب المقدس أن كل المؤمنين يجب أن يستعدوا لخوض صراعات وحروب في العالم الروحي.

في البداية سنلقي نظرة على عدة مقاطع من الأسفار المقدسة تصف الصراع والحرب كجزء طبيعي من الحياة الروحية. وبعدها نبحث في الأسفار لنرى كيف بدأ هذا الصراع .

الجندي المسيحي

مرجعنا الأول هو (٢كورنثوس ١٠: ٣-٥):

«**لأَنَّنَا وَإِنْ كُنَّا نَسْلُكُ فِي الْجَسَدِ، لَسْنَا حَسَبَ الْجَسَدِ نُحَارِبُ، إِذْ أَسْلِحَةُ مُحَارَبَتِنَا لَيْسَتْ جَسَدِيَّةً، بَلْ قَادِرَةٌ بِاللهِ عَلَى هَدْمِ حُصُونٍ. هَادِمِينَ ظُنُوناً وَكُلَّ عُلْوٍ يَرْتَفِعُ ضِدَّ مَعْرِفَةِ اللهِ، وَمُسْتَأْسِرِينَ كُلَّ فِكْرٍ إِلَى طَاعَةِ الْمَسِيحِ**».

يتحدث بولس هنا عن كل المؤمنين. فهو يقول إننا لا نحارب في العالم الجسدي بل في العالم الروحي، ونمتلك

أسـلحة محاربتنـا كمـا أننـا نهاجـم الحصـون ونهدمهـا. وهكـذا يسـتخدم بولـس أربعـة تعبيـرات عسـكرية فـي تلـك الآيـات الثـلاث وهـي: حـرب، وأسـلحة، وهادميـن حصونـاً، ومستأسـرين. وهـذا جـزء جوهـري وحتمـي فـي الحيـاة الروحيـة.

لاحـظ مـن البدايـة أن العهـد الجديـد لا يضـع المؤمنيـن فـي موقـع دفاعـي بـل فـي موقـع هجومـي. وهـذا واحـد مـن أشـهر أخطـاء العالـم المسـيحي المعاصـر، إذ نـرى أنفسـنا فـي الموقـع الدفاعـي. ولنأخـذ علـى سـبيل المثـال الكتـاب الشـهير للمؤلـف «جيسـي بيـن لويـز» Jesse Penn Lewis تحـت عنـوان «الحـرب علـى القديسيـن War on the Saint». فمـا يُفهـم مـن العنـوان أن العـدو هـو الـذي يبـادر بالهجـوم. وهـذا خطـأ، إذ يجـب علينـا نحـن المؤمنيـن أن نَشُـنَّ الحـرب علـى عـدونا. ويجـب ألا ننتظـر لنـرى مـا سـيفعله العـدو.

يقـدم يسـوع فـي (متـى ١٦: ١٨) وعـداً يخـص كنيسـته: «وَعَلَى هَذِهِ الصَّخْرَةِ أَبْنِي كَنِيسَتِي، وَأَبْوَابُ الْجَحِيمِ لَنْ تَقْوَى عَلَيْهَا».

كانـت «أبـواب» المدينـة فـي حـروب تلـك الأزمنـة هـي نقطـة الضعـف الـذي يركـز عليهـا جيـش العـدو فـي هجماتـه. إذا فيسـوع يعدنـا بأننـا (الكنيسـة) سـيكون لنـا التوجـه الهجومـي

ضد حصون العدو، وأن نخترق أبوابه التي لن تستطيع أن تبقينا خارجاً. ودورنا أن نجعل العدو مترقباً متسائلاً: «ماذا سيفعل هؤلاء المؤمنون بعد ذلك بي؟» فأحد أهداف هذا الكتاب هو أن يستعيد شعب الله دوره في الأخذ بزمام المبادرة في الهجوم على العدو.

يعلمنا الكتاب المقدس أنه يجب أن يستعد كل المؤمنين لمواجهة الصراع والحرب في العالم الروحي.

نجد في (١ تيموثاوس ١: ١٨) كلمات يقولها بولس لتيموثاوس كخادم للإنجيل: «**هَذِهِ الْوَصِيَّةُ أَيُّهَا الابْنُ تِيمُوثَاوُسُ أَسْتَوْدِعُكَ إِيَّاهَا حَسَبَ النُّبُوَّاتِ الَّتِي سَبَقَتْ عَلَيْكَ،** [قيلت عنك] **لِكَيْ تُحَارِبَ فِيهَا الْمُحَارَبَةَ الْحَسَنَةَ** [تثير الحرب الحسنة]».

كان تيموثاوس شاباً دُعي في وقت مبكرٍ من حياته لخدمة الإنجيل. وقد جاءت النبوات الخاصة به لترسم شكل الخدمة التي دعاه الله لها. وحذرته تلك النبوات من مواجهة الصراع، والمعارضة وحتى الخطر. فيقول بولس: «أريدك أن تتذكر هذه النبوات التي قبلتها، وتشن في ضوئها الحرب الحسنة. ويجب أن تخدم بكل قلبك، وبشجاعة وتفان في

الحـرب الروحيـة التـي هـي نتيجـة مباشـرة لالتزامـك بخدمـة يسـوع المسـيح». ومـرة أخـرى نجـد كلمـة حـرب.

تنـاول بولـس فـي (٢تيموثـاوس٢: ٣ـ٤) نفـس الموضـوع مطبقـاً كلمـة جنـدي علـى تيموثـاوس فـي وصـف خدمتـه المسـيحية.

«فَاشْتَرِكْ أَنْتَ فِي احْتِمَالِ الْمَشَقَّاتِ كَجُنْدِيٍّ صَالِحٍ لِيَسُوعَ الْمَسِيحِ. لَيْسَ أَحَدٌ وَهُوَ يَتَجَنَّدُ [يشـارك فـي الحـرب] يَرْتَبِكُ بِأَعْمَالِ الْحَيَاةِ لِكَيْ يُرْضِيَ مَنْ جَنَّدَهُ».

يفتـرض بولـس أن تيموثـاوس جنـديٌّ، ومشـترك فـي الحـرب، وقـد اختـاره الـرب يسـوع المسـيح لهـذه الحـرب. ومـن ثـم، يجـب أن يسـلك بطريقـة تتناسـب مـع وضعـه كجنـدي. وحيـث أننـي قـد خدمـت كجنـدي فـي الجيـش البريطانـي لمـدة خمـس سـنوات ونصـف، فأنـا أعـرف تمامـاً كيـف تكـون حيـاة الجنـدي. فهـي تختلـف تمامـاً عـن حيـاة الشـخص المدنـي. ويجـب علـى الجنـدي أن يـدرك حقيقـة أنـه لا يمكنـه أن يحيـا مثـل الشـخص المدنـي! ويوضـح بولـس هـذا الـدرس لتيموثـاوس كخـادم للإنجيـل: «لا يمكنـك أن تحيـا مثـل الآخريـن. فلـك دعـوة خاصـة. ولديـك مسـئوليات خاصـة. فقـد أفـرزت، مثلمـا يُفـرز

الجندي لنوع مختلف من الحياة». ونلاحظ هنا مرة أخرى افتراض أن الحرب جزء من الحياة المسيحية.

عندما نتجه إلى (أفسس٦ :١٢) نجد صورة أخرى للحياة المسيحية:

«فَإِنَّ مُصَارَعَتَنَا لَيْسَتْ مَعَ دَمٍ وَلَحْمٍ، بَلْ مَعَ الرُّؤَسَاءِ، مَعَ السَّلاَطِينِ، مَعَ وُلاَةِ الْعَالَمِ، عَلَى ظُلْمَةِ هذَا الدَّهْرِ، مَعَ أَجْنَادِ الشَّرِّ الرُّوحِيَّةِ فِي السَّمَاوِيَّاتِ».

يشبه بولس الحياة المسيحية هنا بصورة استعارية من المسابقات الأوليمبية وهي: مباراة المصارعة. يقول: إننا كمؤمنين، مشاركون في مباراة للمصارعة. ولعبة المصارعة تستحوذ على جسم المصارع كلية . وهي من أكثر الرياضات التي تشارك أجزاء و عضلات الجسم كلها في هذا الصراع العنيف ، هذه هي نوعية المنافسات التي يستعيرها بولس ليوضح بها الحياة المسيحية.

اسمح لي أن أقدم لك ترجمة أكثر حرفية لهذه الآية: **«فإن مباراة المصارعة الخاصة بنا ليست ضد جسد ودم- فنحن لا نصارع ضد شخصيات إنسانية طبيعية- بل ضد قادة، وضد سلطات، وضد حكام العالم لهذه الظلمة الحالية، وضد أرواح الشر في السماويات».**

تثيـر تلك الآيـات عـدداً مـن التسـاؤلات وسـنحاول الإجابـة عنهـا فـي هـذا الكتـاب ولكـن لاحـظ الصـورة البـارزة التـي تواجهنـا: المؤمنـون مشـتركون فـي مبـاراة للمصارعـة، وهـي ليسـت ضـد بشـر بـل ضـد كائنـات روحيـة، وهـي غيـر قاصـرة علـى الأرض وإنمـا ممتـدة أيضـاً إلـى السـماويات.

فـإن الحيـاة المسـيحية ليسـت تمتـع وعـزف علـى القيثـارة فحسـب، وإنمـا سـيجد كل مؤمـن أن الحـرب جـزء مـن حياتـه. وبمـا أن حكومتنـا فـي السـماء فـي حالـة حـرب، فنحـن علـى الأرض فـي حالـة حـرب أيضـاً.

دعنـي أوضـح هـذا بمثـال مـن خبرتـي الشـخصية. ففـي عـام ١٩٣٩ كنـت مواطنـاً بريطانيـاً مقيمـاً فـي بريطانيـا. وفـي الثالـث مـن سـبتمبر، أعلنـت الحكومـة البريطانيـة رسـمياً الحـرب علـى ألمانيـا النازيـة. وبمـا أن حكومتـي قـد أعلنـت الحـرب بصـورة قانونيـة فقـد أصبحـت تلقائيـاً مشـاركاً فـي هـذه الحـرب، ولـم يكـن عليَّ أن أتخـذ قـراراً شـخصياً خاصـاً. فقـد كنـت بالفعـل فـي حـرب ضـد ألمانيـا. ولـو لـم أقبـل ذلـك، لكنـت مقصـراً فـي التزاماتـي كمواطـن بريطانـي. فلـم يَعُـد لـدي اختيـارٌ. لأن القـرار قـد اتُخـذ نيابـةً عنـي. ومـع ذلـك، فقـد كانـت لـي حريـة اختيـار فـرع القـوات المسـلحة الـذي يمكننـي أن أخـدم فيـه. وتطوعـت

في الخدمـات الطبيـة المدنيـة. ونتيجـة لذلـك، قضيـت خمـس سـنوات ونصـف فـي الفـرق الطبيـة للجيـش الملكـي البريطانـي.

تنطبـق نفـس المبـادئ علـى العالـم الروحـي. فمملكتنـا السـماوية فـي حـرب ضـد مملكـة الشـيطان. ولذلـك نحـن مطالبـون بـأن نتخـذ مواقعنـا كجنـود فـي تلـك الحـرب. ومـن الممكـن، كمـا حـدث معـي، أن نُعطى الحريـة فـي اختيـار مجـال الخدمـة إلا أنـه ليـس لنـا أن نرفـض الحـرب.

تؤكـد الطريقـة التـي يتحـدث بهـا الكتـاب المقـدس عـن اللـه كقائـد حـرب، علـى حقيقـة الحـرب الروحيـة. ولا تتكـرر هـذه اللغـة مـرة أو مرتيـن فحسـب، وإنمـا نجدهـا طـوال الأسـفار المقدسـة فيسـجل لنـا سـفر (الخروج ١٥: ٣) علـى سـبيل المثال ترنيمـة ترنـم بهـا موسـى وبنـو إسـرائيل بعـد عبورهـم فـي ميـاه البحـر الأحمـر. فبعدمـا رأى الإسـرائيليون قضـاء اللـه فـي إبـادة الجيـش المصـري بجملتـه، عبّـروا عـن عرفانهـم بالجميـل وشـعورهم بالغلبـة والنصـرة فـي تلـك الترنيمـة:

«الرَّبُّ رَجُلُ الْحَرْبِ. الرَّبُّ اسْمُهُ».

عندمـا تكتـب كلمـة الـرب فـي اللغـة العبريـة القديمـة بحـروف كبيـرة، فإنهـا تعبـر عـن الإسـم المقـدس المكـون

مـن أربعـة أحـرف الـذي يُترجـم «جاهوفـاه Jahoveh» أو «يهـوه Yahweh». ويميـل الدارسـون المعاصـرون لاسـتخدام «يهـوه Yahweh». لذلـك يمكننـا أن نترجـم تلـك الآيـة إلـى: **«الـرَّبُّ رَجُلُ الْحَرْبِ .يَهْوَهَ اسْمُهُ»**. ونقـرأ الآيـة التاليـة كالآتـي: **«مَرْكَبَاتِ فِرْعَوْنَ وَجَيْشَهُ أَلْقَاهُا فِي الْبَحْرِ فَغَرِقَ أَفْضَلُ جُنُودِهِ الْمَرْكَبِيَّةِ فِي بَحْرِ سُوفَ»** (آيـة ٤).

لاحـظ أن اللـه، كقائـد عسـكري، قـد هـزم أعـداء شـعبه وأفناهـم. وليـس هـذا كلامـاً مجـازاً وإنمـا تعبيـر حقيقـي لـه نتائـج فـي أرض الواقـع .

ثـم نـرى فـي (يشـوع ٥) جيوش إسـرائيل وهي تحاصـر أريحا. لا شـك أن يشـوع سـعى لوضـع خطـط إسـتراتيجية للاسـتيلاء على هـذه المدينـة القديمـة المحميـة جيـداً والحصينـة إلى أبعـد مـدى. ويظهـر رجـل ليشـوع، وهـو بالطبـع ليـس رجـلاً عاديـاً، بـل بالحـري «الـرب» نفسـه. ويتضـح هـذا فـي الآيـات الثـلاث التاليـة:

«وَحَدَثَ لَمَّا كَانَ يَشُوعُ عِنْدَ أَرِيحَا أَنَّهُ رَفَعَ عَيْنَيْهِ وَنَظَرَ وَإِذَا بِرَجُلٍ وَاقِفٌ قُبَالَتَهُ وَسَيْفُهُ مَسْلُولٌ بِيَدِهِ. فَسَارَ يَشُوعُ إِلَيْهِ وَقَالَ لَهُ هَلْ لَنَا أَنْتَ أَوْ لأَعْدَائِنَا. فَقَالَ كَلَّا بَلْ أَنَا رَئِيسُ جُنْدِ الرَّبِّ. الآنَ أَتَيْتُ. فَسَقَطَ يَشُوعُ عَلَى وَجْهِهِ إِلَى الأَرْضِ

وَسَجَدَ وَقَالَ لَهُ بِمَاذَا يُكَلِم سَيِدِي عَبْدَهُ. فَقَالَ رَئِيسُ جُنْدِ الْرَّبِ لِيَشُوع «أَخْلَع نَعْلَكَ مِنْ رِجْلَكَ لأَنَّ الْـمَكَانَ الَّذِي أَنْتَ وَاقِفٌ عَلَيهِ هُوَ مُقَدَّسٌ. فَفَعَلَ يَشُوع كَذَلِكَ». (يشوع ٥: ١٣-١٥)

وهنا يأتي شخصٌ سماويٌ ليشوع - وسيفه مسلول ويكشف عن هويته قائلاً: «أنا قائد جيش [جند] الرب». ولا أشك أن هذا من عُرف أخيراً في التاريخ البشري في شخص يسوع الناصري ابن الله السرمدي. ولم يكن هذا القائد هو الآب بل الابن. وهذا الإعلان من أحد الإعلانات الكثيرة في أسفار العهد القديم والتي أظهر فيها الله الابن نفسه للبشر ومنهم: إبراهيم، ويعقوب، وموسى، ويشوع. وقد أعلن «الرب» عن نفسه كقائدٍ عسكري لديه سيف مسلول في يده! وهذا جزء من الصورة التي يقدمها الكتاب المقدس عن الله.

يتكرر ظهور الرب كمقاتل في (مزمور ٢٤ : ٨) **«مَنْ هُوَ هَذَا مَلِكُ الْمَجْدِ؟ الرَّبُّ الْقَدِيرُ الْجَبَّارُ الرَّبُّ الْجَبَّارُ فِي الْقِتَالِ».**

وهذه الكلمات واضحة تماماً لي لأني خدمت في الحرب العالمية الثانية مع الجيش الثامن البريطاني في صحراء شمال إفريقيا. وعانت قواتنا سلسلة من النكسات، ولقد اشتركت في أطول انسحاب سجله تاريخ الجيش البريطاني وكان حوالي: سبعمائة ميل من الانسحاب المتوالي! ووصلنا فعلاً إلى بوابات

القاهرة إلى مكان يسمى العلمين وعندها عيّنت الحكومة البريطانية بقيادة «وينستون تشرشل» قائداً جديداً اسمه «مونتجمري». وكنا بالتأكيد في احتياج لقائدٍ جديد، وذلك لأن النظام والحالة المعنوية وكفاءة القوات البريطانية كانت في حالة مُزْرية. وكنت أصلي باستمرار تلك الصلاة: «يا رب أعطنا قائداً يكون هو الذي تعينه لمجدك وتعطينا الغلبة بواسطته!». ثم اشتعلت حرب العلمين وانتصرنا ـ وهو أول انتصار حقيقي للحلفاء في الحرب كما كان بمثابة نقطة تحول هامة.

وبعد حوالي يومين من المعركة كُنت في الصحراء ومعي جهاز راديو محمول وأقف عند الباب الخلفي لشاحنتي أستمع لتقرير إخباري عن استعدادات معركة العلمين حيث كان المعلق قد شاهدها في مركز القيادة البريطانية. ووصف كيف دعا الجنرال «مونتجمري» ـ الذي كان وقتها شخصية غير معروفة ـ ضباطه ورجاله جميعاً قبل دخول المعركة وقال على الملأ: «لنسأل الرب الجبار في القتال أن يعطينا النصرة». وكان كأن الله يتحدث إليَّ في تلك اللحظة ويقول: «تلك هي استجابة صلاتك! فقد كانت كلمات «مونتجمري» مأخوذه من (مزمور ٢٤: ٨) الذي ذكر سابقاً: «مَنْ هُوَ هَذَا مَلِكُ الْمَجْدِ؟ الرَّبُّ الْقَدِيرُ الْجَبَّارُ الرَّبُّ الْجَبَّارُ فِي الْقِتَالِ».

ويؤكد الكتاب المقدس باستمرار أن الرب هو رجل الحرب. هناك أكثر من مائة فقرة في الأسفار المقدسة يسمى فيها يهوه «رب الجنود» أو «إله الجنود». و كلمة «جنود» هي المسمى القديم لكلمة «جيش». فهو «إله الجيوش»، و«رب الجيوش».

يستخدم (إشعياء ١٣: ٤) هذه الكلمة، على سبيل المثال في إعلان نبوة عن قضاء الله على مدينة بابل. وقد ثبت تاريخياً أنه قد تم احتلال بابل وتدميرها بواسطة عدة جيوش. ومع ذلك، فقبل أن يحدث كل هذا أُعطي إشعياء رؤية عن قضاء الله على بابل، وهو يرسم صورة حية لمجموعة من الأمم تجتمع معاً ضد هذه المدينة.

«صَوْتُ جُمْهُورٍ عَلَى الْجِبَالِ شِبْهَ قَوْمٍ كَثِيرِينَ. صَوْتُ ضَجِيجِ مَمَالِكِ أُمَمٍ مُجْتَمِعَةٍ. رَبُّ الْجُنُودِ يَعْرِضُ [يحشد - يعرض]. جَيْشَ الْحَرْبِ» [tsava] (اش ١٣: ٤).

والكلمة العبرية المستخدمة هنا للجنود وهي «tsava» وتعني أيضاً بالعبرية الحديثة «جيش». فالكلمة لم يتغير معناها البتة. ولايزال الله اليوم هو «رب الجيوش» وهو يستطيع - كما أنه - لايزال يحشد قواته للمعركة.

كيف بدأت الحرب

تأملت لعدة سنوات في خلفية الصراع الدائر في عالمنا. فما هو السبب الأساسي وراء الحروب والقلاقل في كل مكان؟ وما هي القوات المضادة المشاركة في هذا الصراع؟ لقد رأينا أن الله هو قائد عسكري وأننا جزء من جيش تحت قيادته. ولكن ما هي الأطراف المضادة في هذه الحرب ؟

دعني أحاول الإجابة على السؤال الأول. يمكننا اختصار أسباب القلاقل والصراعات والحروب في كلمة واحدة وهي: **التمرد.** فهذه هي المشكلة الرئيسية في الكون، أي التمرد على حكومة الله البارة. إذ يمتلئ عالمنا اليوم بالمتمردين.

ويمكننا أن نفكر في الأمر هكذا. لنُشَبِّه مشاكل البشرية بالثلاثة أجزاء الأساسية للشجرة وهي الفروع، والساق، والجذور. وأعتقد أن معظم الناس منشغلون بالفروع. فإذا رغبت في إزالة شجرة ما، وقطعت بعض فروعها فقط، فإنك لم تغيّر الكثير على أرض الواقع. فالساق هو الذي يحمل الفروع، والجذور هي التي تغذي الساق.

لنفكر في المرأة التي أدمنت الكحوليات،. فإدمان الكحوليات هو فقط العَرَض (العلامة) أو الفرع. فيجب أن

نتجه لأسفل أي إلى الساق والجذر أي اتجاهها نحو زوجها وعلاقتها به. فربما يكون غير مخلص، وينفق أمواله بطريقة لا ترضيها ويسيئ إلى الأطفال عاطفياً. فالمرارة والغيظ اللذان في داخلها نحو زوجها هما الساق والجذور ولن نحل مشكلتها البتة بمجرد التعامل مع إدمانها للكحوليات. فيجب أن نتعامل مع موقفها نحو زوجها وعلاقتها به. فهل تشاء أن تغفر له وتقْبله؟ فإن لم تكن كذلك، فحتى إن تَخَلَّصت من إدمانها للكحوليات، فسيتبع ذلك إدمان آخر أو مشكلة مشابهة.

وتصارع الكنيسة أغلب الوقت مع الفروع. ولا تتغلغل لما هو أعمق من هذا المستوى لتتعامل مع الساق فما بالك بالجذور. ويجب أن نتغلغل لنصل إلى المشكلة الجذرية، والمشكلة الجذرية هي العصيان والتمرد.

نطق يوحنا المعمدان بعبارة حاسمة عندما قدم للإنسانية رسالة يسوع والإنجيل. فقد قال: «**وَالآنَ قَدْ وُضِعَتِ الْفَأْسُ عَلَى أَصْلِ الشَّجَرِ، فَكُلُّ شَجَرَةٍ لاَ تَصْنَعُ ثَمَراً جَيِّداً تُقْطَعُ وَتُلْقَى فِي النَّارِ**». (متى٣: ١٠).

ورسالة الإنجيل جذرية؛ أي أنها تتعامل مع الجذور. ففي الواقع، يقول الله: «لم أعد أرضى بمجرد قطع الفروع

أو حتى الساق. أنا أتعامل مع الجذر الذي يمثل الإرادة التي تريد الاستقلال عني». ويتحول الاستقلال حتمياً بدوره إلى تحدٍّ.

معظم الخدام المعاصرين الذين يخدمون رسالة الإنجيل لا يتعمقون بالقدر الكافي ، ولا يتعاملون مع خطية التمرد ضد الله. وقد نندهش عندما نعرف أن عدداً من أعضاء الكنائس الصالحين الذين يحيطون بنا في كل مكان لم يقدموا البتة خضوعاً حقيقياً لله.

انظر إلى الصلاة الربانية، وهي جزء مألوف جداً من الكتاب المقدس. ولاحظ العبارات الافتتاحية لهذه الصلاة النموذجية التي نجدها في (متى٦: ٩-١٠):

«فَصَلُّوا أَنْتُمْ هكَذَا: أَبَانَا الَّذِي فِي السَّمَاوَاتِ، لِيَتَقَدَّسِ اسْمُكَ. لِيَأْتِ مَلَكُوتُكَ. لِتَكُنْ مَشِيئَتُكَ، كَمَا فِي السَّمَاءِ كَذلِكَ عَلَى الأَرْضِ. خُبْزَنَا كَفَافَنَا أَعْطِنَا الْيَوْمَ، وَاغْفِرْ لَنَا ذُنُوبَنَا [ديوننا] كَمَا نَغْفِرُ نَحْنُ أَيْضاً لِلْمُذْنِبِينَ [المدينين] إِلَيْنَا. وَلاَ تُدْخِلْنَا فِي تَجْرِبَةٍ، لكِنْ نَجِّنَا مِنَ الشِّرِّيرِ».

وتحدد العبارات الافتتاحية الاتجاه والجو العام الخاص بهذه الصلاة. فأولاً، نحن نصلي كأعضاء جسد واحد. ولا

نصلي قائلين «أبي» بل نصلي «أبانا». فهناك أشخاص آخرون بجانبنا يشتركون في تلك العلاقة مع الله ومن أكثر القناعات الخاطئة انتشاراً بين المؤمنين في هذه الأيام، هو اعتقادهم أنه لا يوجد شخص على وجه الأرض تألَّم كما تألَّموا، أو واجهه ما يواجهونه من مَشَقَّاتِ الحياة، أسمع كثيراً تلك العبارة: « لا يوجد من سبق له أن عانى مثلي يا أخ برنس. فأنت لا تعرف ما أجتاز فيه!» يخبرني كثيرون بنفس الشيء!

ويعلمنا الكتاب المقدس أن نرى أنفسنا كأعضاء في جسد واحد. فالضمير «نا» مهم جداً: «أبانا». فهو يذكرنا بأننا أبناء الله وبناته. ولنا الحق في أن نأتي إليه كآب، ولكن يجب ألا ننسى أن لدينا إخوة وأخوات في عائلتنا السماوية.

ثم يجب أن نتعلم التبجيل والاحترام: «**ليتقدس اسمك**». قليلاً ما نجد اليوم أُناس في الكنيسة يبجلون الله حقيقةً. فنحن ربما نطلب المظاهر الخارجية للإحترام والتبجيل، ولكن هذا يختلف تماما عن تبجيل، احترام و مخافة الله العلي.«ليتقدس اسمك»

والعبارة التالية هي «**ليأت ملكوتك**». فالله لديه مملكة، وغرضه النهائي في هذا التدبير هو أن يحضر ملكوته إلى

الأرض. فعندما أقول «**ليأت ملكوتك**»، فأنا أضع نفسي في تناغم مع مقاصد الله. فالأمر ليس مجرد عبارة دينية لطيفة. ولكني أقول «ليأت ملكوتك ياالله ـ وهاأنذا مستعد لتأدية دوري في مجيء ملكوتك». ولهذا أردد تلك العبارة. فأنا أتفق مع مقاصد الله.

ثم أقول «**لتكن مشيئتك كما في السماء كذلك على الأرض**». فكيف تُنَفَّذ مشيئة الله في السماء؟ إنها تُنفذ بإتقان، بحسب فهمي. فليس هناك تداخل، ولا إحباط، ولا تأجيل. فمشيئة الله تُنفذ بإتقان في السماء.

وقد علَّمنا يسوع أن نصلي لكي تتحقق مشيئته بنفس الطريقة على الأرض. وإن كان يسوع قد علمنا أن نصلي هكذا، إذاً فذلك أمرٌ ممكن. فلا أعتقد أبداً أن يسوع يعلّمنا أن نصلي لأمر مستحيل . ولكن عندما أصلي قائلاً «**لتكن مشيئتك ... على الأرض**». فهل تعلم أين يجب أن تبدأ مشيئته؟ معي! فيجب أن أُخضع نفسي لمشيئة الله دون تحفظات.

أتذكر اختبار «تشارلز فيني» للإيمان. فقد كان واحداً من أعظم الوعاظ الذين عرفتهم الكنيسة، وكان له خدمة بارزة في المجئ بالخطاة إلى الإيمان وتثبيتهم. ومن بين

الحقائـق المميـزة لخدمـة «فينـي» كمبشـر أن أكثـر مـن ثلثي الذيـن يقبلـون المسـيح مـن خـلال تبشـيره لا يتراجعـون عـن هـذا القـرار. وفـي المقابـل، تُقَـدر نسـبة مـن يقبلـون المسـيح مـن خـلال «دي إل مـودي» ولا يتراجعـون بالثلـث فقـط. فهنـاك شـئ مـا فـي خدمـة «فينـي» أدت إلى تلـك النتيجـة، وأعتقـد أن السـبب فـي ذلـك يرجـع إلى الطريقـة التـي آمـن بهـا «فينـي» نفسـه.

كان «فينـي» محاميـاً معروفـاً عندمـا واجهـه أحدهـم بالإنجيـل وبحاجتـه للخـلاص. فراجـع الأمـر فـي ذهنـه وفكـر قائـلاً: «حسـنًا، إن كان هنـاك شـئ يُدعـى الخـلاص، فـلا بـد وأن أحصـل علـى الخـلاص، إذ سـيكون مـن الرائـع أن أخلُـص».

ولكـن بمـا أن «فينـي» محـامٍ ذو مكانـة مرموقـة فقـد فكـر أنـه ليـس مـن اللائـق بمكانتـه أن يطلـب الخـلاص وسـط العامـة، لذلـك قـرر أن يخـرج إلى الغابـات.

فخـرج إلى الغابـات ليصلـي. ثـم سـأل نفسـه: «حسـنا كيـف سـأصلي؟ سـأصلي الصـلاة الربانيـة، فهـي صـلاة جيـدة. وليـس مـن خطـأ فـي أن أصليهـا».

وبـدأ «أبانـا الـذي في السـموات. ليتقـدس اسـمك. ليـأت

ملكوتك»... وفيما يستعد ليقول العبارة التالية **«لتكن مشيئتك... على الأرض»** شعر أنه ضِمْن من على الأرض. فلا يستطيع أن يقول لتكن مشيئتك كما في السماء كذلك على الأرض» إلَّا إذا كان مستعداً للخضوع لله بدون تحفظات في حياته الشخصية وإلا سيكون منافقاً.

وعندما ردد عبارة ـ **«لتكن مشيئتك»** ـ تحرك الروح القدس معلناً كم هو متمرد: فهو مهذب، ومحترم، وملتزم بالقانون ومتدين إلا أنه غير متصالح مع الله أي متمرد عليه. وتعامل الله معه بقوة كاسراً ذاته ليصل به إلى مرحلة من الخضوع الكامل.

وبعد ذلك بفترة قصيرة حصل على معمودية الروح القدس. وكان التغيير الذي حدث لـ «فيني» يقينياً وحقيقياً. فقد قال: «حصلت على معمودية الروح القدس العظيمة». ثم استمر قائلاً: «فقد تدفقت من داخلي أنَّات بالمعنى الحرفي للكلمة.» فقد نطق بما نطلق عليه اليوم لغة غير معروفة. بلا شك فإن السر الحقيقي وراء ما حدث هو:

أولاً : الاقتناع العميق

وثانياً: مسحة قوية من الروح القدس

بالرجـوع إلى نـص الصـلاة الربانيـة نجـد فـي «لتكـن مشيئتك» أنهـا تعني «يـا رب لـن أكـون متمرداً فيمـا بعد». ومع ذلـك لا يـدرك كثيـرون ممـن اعتـادوا تكـرار الصـلاة الربانيـة مـا الـذي يكرسـون أنفسـهم لـه. وقد اكتشـفت أن النـاس لـن ينالـوا السـلام الداخلـي العميـق، الراسـخ، إلا إذا خضعـوا خضوعـاً كامـلاً للـه القديـر. وتلـك هـي رسـالة (إشعياء ٥٧: ١٩ ـ ٢١): «خَالِقاً ثَمَرَ الشَّفَتَيْنِ. «سَلاَمٌ سَلاَمٌ لِلْبَعِيدِ وَلِلْقَرِيبِ» قَالَ الرَّبُّ وَسَأَشْفِيهِ». (آية ١٩).

فاللـه يقـدم السـلام والشـفاء لجميـع البشـر. وتُسـتخدم «للبعيـد» كصيغـة كلام تـدل علـى الأمـم. وتُنسـب «للقريـب» لشـعب إسـرائيل. فاللـه يقـدم السـلام والشـفاء للجميـع، إلا أن البعـض لا يمكنهـم نـوال السـلام إطلاقـاً لأنهـم لا يتخلُّـون عـن تمردهـم. ولذلـك يواصـل اللـه كلامـه قائـلاً: «أَمَّـا الأَشْـرَارُ فَكَالْبَحْـرِ الْمُضْطَـرِبِ، لأَنَّـهُ لاَ يَسْـتَطِيعُ أَنْ يَهْـدَأَ، وَتَقْـذِفُ مِيَاهُـهُ حَمْأَةً وَطِيناً. لَيْسَ سَلاَمٌ قَالَ إِلَهِي لِلأَشْرَارِ». (الآيات ٢٠ ـ ٢١)

لـن نهـدأ مـادام يوجـد فـي داخلنـا اتجـاه التمـرد هـذا. فنحـن مثـل أمـواج البحـر التـي تسـتمر فـي الانـدفاع للأمـام والانحسـار للخلـف وهـي تقـذف الحمـأة والطيـن فـي أطرافهـا. لاحـظ البحـر! إنـه لا يهـدأ! تأمـل مـرة أخـرى فـي تلـك الكلمـات: «الأشـرار

[العصـاة] كالبحـر المضطـرب ... ليـس سـلام ... للأشـرار». فالدليـل الدامـغ علـى أنـك تحيـا حيـاة بـارة هـي وجـود سـلام داخلـي عميـق، وراسـخ، وثابـت. وقليلـون اليـوم هـم مـن يحيـون في راحـة حقيقيـة.

كنـت فـي خدمـة مـع بعـض الأصدقـاء المعمدانيـين فـي نيوزلانـدا الذيـن كانـوا يتحدثـون عـن أحـد فصـول مـدارس الأحـد التـي تُقَـدَّم لمرحلـة الجامعـة. وقَصُّـوا كيـف جـاءت فتـاة تعمـل ممرضـة إلـى هـذا الفصـل. ولـم تعلـن أنهـا مسـيحية وإنمـا أرادت دراسـة الكتـاب المقـدس. وفـي أحـد الأيـام تحـدَّت هـذه الفتـاة مدرسـها بـأن الفـرح والسـلام همـا مـن ثمـار الـروح القـدس. وقالـت: «سـأصدق هـذا عندمـا لا أعطـي مسـكنات ومهدئـات باسـتمرار لأعضـاء كنيسـتك الذيـن أضطـر للذهـاب إليهـم فـي منازلهـم. فـإن كنتـم تشـعرون بالفـرح والسـلام فلمـاذا تسـتخدمون كل هـذا الكـم مـن المسـكنات للألـم؟ ولمـاذا كل هـذه المهدئـات؟ إن الأمريـن لا يتفقـان معـاً!».

هـذه هـي الحقيقـة! ولهـذا أقـول إن قليليـن فـي مجتمعنـا المعاصـر هـم مـن يمتلكـون السـلام الداخلـي الحقيقـي، والعميـق، والراسـخ. لمـاذا؟ لأننـا متمـردون وكثيـراً مـا نكـون متمرديـن متدينيـن. أعتقـد أن هنـاك مواجهـة قادمـة وسـتكون

حاسـمةً للنـزاع بيـن اللـه وشـعوب الثقافـة الغربيـة. وأتخيـل هـذا في روحي وأُسبح اللـه عليـه. وستكون القضيـة الحقيقيـة هـي: الخضــوع الكلــي.

فإن كان اللـه القديـر يشـاء أن يأتي إلى حياتي؛ فـلا يوجـد إلا مـكانٌ واحـدٌ يمكنـني أن أقدمـه لـه وهـو: السـيادة الكليـة، والسـلطان الكامـل. وأي شـيء أقـل مـن ذلـك يكـون ريـاءً.

كثيـراً مـا تواجهنـا حقيقـة التمـرد هـذه وهـي: التمـرد بداخلنـا، والتمـرد علـى العالـم المحيـط بنـا، والتمـرد علـى الحكومـة، والتمـرد علـى اللـه، وتمـرد الأطفـال علـى والديهـم، وتمـرد الطلبة على المدرسـين، وهكـذا. فنـرى التمرد يستشـري ويتزايـد فـي كل مـكان. فمتى بـدأ التمـرد؟ ومـن هـو المتمـرد الأول؟

(٣)

عالم ما قبل آدم

قـدم الدارسـون عـدة تفسـيرات بخصـوص احتمـال وجـود جنـسٍ مـا قبـل آدم. ومـع ذلـك لا تقدم الأسفار المقدسـة لنـا أدلـة كافيـة للحديـث عـن ذلـك. ومـا أقدمـه مـن إجابـات وانطباعـات مـا هـو إلا نتيجـة للدراسـة، والتأمـل، والصـلاة، والخبـرة العمليـة. وبالطبـع لا أدعـي أنـي أجبـت عـن جميـع الأسـئلة، فمـن المهـم ألا نسـمح أبـداً للأمـور التـي لا نفهمهـا بالكامـل أن تعيـق رؤيتنـا لمجـالات الحـق التـي أعلنهـا اللـه لنـا بوضـوح.

هنـاك قضايـا معينـة تظهـر علـى السـطح أثنـاء دراسـة الأسـفار المقدسـة وتثيـر عـدداً مـن الأسـئلة كمـا سـبق وأشـرت فـي مقدمـة هـذا الكتـاب، وقـد توصَّلْـتُ بعـد عشـرات السـنين مـن التأمـل فـي الآيـات القليلـة الأولـى مـن سـفر التكويـن إلـى نتيجـة تفيـد أن قضـاء اللـه علـى التمـرد ربمـا يكـون قـد وقـع قبـل أيـام الخلـق السـتة التـي يسـردها سـفر التكويـن فيخبرنـا (تكويـن ١: ٢) أن الأرض كانـت «خَرِبَـة وَخَالِيَـة» بالعبريـة (tohu va bohu). وبعـد فحصـي لعـدة

فقرات ذكرت فيها تلك العبارة، اكتشفت أنها تصف الآثار المترتبة على قضاء الله. قد يشير هذا إلى أن أول أحكام قضاء الله وقعت ما بين (تكوين١:١) و(تكوين١: ٢). وربما كان قضاءً على التمرد الأصلي «للوسيفر» الشيطان. ولا يشتمل مجال حديثنا في هذا الكتاب على تحليل كل هذا بالتفصيل. وعلى أية حال أعتقد أن هذا الجزء قد يساعدنا عندما نتشفع أو نخوض الحرب الروحية.

لم يبدأ التمرد على الأرض، على عكس ما يظن الكثيرون، بل في السماء. ولم يبدأ مع البشر بل مع رئيس ملائكة يعرف باسم الشيطان، رغم أن اسمه الأصلي هو «لوسيفر». وكان قد استقطب بالفعل مجموعة من الملائكة تحت رئاسته قبل أن يوجه اهتمامه للجنس البشري.

يسجل (تكوين٣: ١-١٣) كيف اقترب «لوسيفر»، الذي ظهر في شكل حية، من آدم وحواء أبوّي الجنس البشري، وشجعهما على التمرد. ونتيجة لذلك نطق الله بقضاءٍ نبوي على «لوسيفر» وعلى المرأة:

«فَقَالَ الرَّبُ الإِلَهُ لِلْحَيَّةِ لأَنَّكِ فَعَلْتِ هَذَا مَلْعُونَةٌ أَنْتِ مِنْ جَمِيعِ الْبَهَائِمِ وَمِنْ جَمِيعِ وُحُوشِ الْبَرِّيَّةِ. عَلَى بَطْنِكِ تَسْعِينَ

وَتُرَاباً تَأْكُلِينَ كُلَّ أَيَّام حَيَاتَكِ. وَأَضَعُ عَدَاوَة بَيْنَكِ وَبَيْنَ الْمَرْأَة وَبَيْنَ نَسْلكِ وَنَسْلهَا. هُوَ يَسْحَق رَأْسكِ وَأَنْتِ تَسْحَقِينَ عَقْبهُ.» (آيات ١٤ـ ١٥).

وهذه هي المرة الأولى في الكتاب المقدس التي يُذكر فيها نبوة مباشرة تتعلق بأحداث مستقبلية. وقد ركزت هذه النبوة على شخصين هما: نسل الحية ونسل المرأة. وتوضح هذه الآيات ما سوف يتطور ليكون صراعاً مستمراً بينهما، والنتيجة أن عقب نسل المرأة سوف يُجرح أما رأس الحية فسوف يُسحَق تماماً. وبلا شك فإن جرح العقب لا يمثل هزيمة نهائية، أما سحق الرأس فهو هزيمة ساحقة. فالحية ذات الرأس المنسحق بلا فاعلية أو نشاط.

سقط آدم وحواء في فخ الشيطان، وبدا كما لو كان قصد الله الذي سبق وأعده قد انهار. وحدثت مواقف مشابهة في إعلانات نبوية تالية. ولكن هناك صفة مميزة لله في وسط هذه الحالات، ألا وهي وجود «خطة سرية». وفي الحقيقة يتوقع الله دائماً حدوث الأزمة قبل وقوعها، مع وجود الحل المعد مسبقاً في ذهنه، وغالباً ما يكون قبل حدوثها بوقت طويل. هنا أَعْلَن الله أن نسل المرأة هو يسوع ابن داود. تحققت النبوة الخاصة بسحق عقب نسل المرأة في المعاناة

التي تحملها يسوع لكي يفدينا ويخلصنا. وأتاح حدوث تلك النبوة خلاصاً لكل أبناء آدم الذين تتوافر فيهم الشروط المطلوبة.

يقع من يحاولون فهم الكتاب المقدس في خطأ شائع ألا وهو أنهم يفترضون أنه يحوي ملخصاً لتاريخ العالم، ولكنه ليس كذلك إذ أنه تاريخ شخصٍ معين هو آدم، ونسله من بعده. وهو يشمل بعض جوانب أخرى من التاريخ تساعد علي فهم تعاملات الله مع آدم.

وقد كان الفشل في فهم هذا الهدف الخاص الذي كُتب لأجله الكتاب المقدس، مصدراً لبعض ـ لا لكل ـ الصراعات بين ما يسجله الكتاب المقدس وما يقدمه العلم. فبينما يركز العلم على أمور عامة إذ ينطوي على تاريخ العالم بأكلمه. فإن الكتاب المقدس يركز على أمر محدد. إذ يتناول أمر إنساناً واحداً وهو آدم ونسله.ولا يذكر شيئاً عن الأجناس الأخرى التي ربما كانت موجودة. ولا ينكر الكتاب المقدس وجودها، ولكنه لا يذكر عنها إلا القليل هذا إن ذكر شيئاً.

فلماذا يتمتع هذا الرجل الواحد، آدم، بهذه الأهمية؟ السبب هو أن الله قد حدد في خطته الخاصة الأزلية أنه سيرسل ابنه الوحيد الفريد ـ الرب يسوع ـ من خلال نسل

آدم. وهـذا مـا جعل مصيـر الجنـس الآدمـي مختلفـاً عـن جميـع الأجنـاس الأخـرى.

تذّكـر أن «آدم» اسـم علـم. وعندمـا نقـرأ في العهـد القديـم تعبيـر «أبنـاء النـاس» فهـذا يتحدث أساسـاً عـن «أبنـاء آدم». فهذا الرجـل الوحيـد آدم ونسـله همـا الموضـوع الرئيسـي للكتـاب المقـدس. وأعتقـد أن أسـلوب خلـق آدم وعلاقتـه مـع اللـه الناتجـة عـن هـذا الخلـق شـيء فريـد.

ومـع ذلـك، فأنـا لا أجـد في الأسـفار المقدسـة مـا يـدل ضمنـاً علـى أن آدم هـو الكائـن الأول أو الوحيـد مـن الكائنـات التي تشـبه البشـر التي سـبق وعاشـت علـى الأرض. وأظـن أنـه مـن المحتمـل وجـود جنـس أو أكثـر قبـل آدم، إلا أن الكتـاب المقـدس لـم يتناولهـم. فالكتـاب المقـدس هـو في الأصـل إعـلان أُعطـي لنـا نحـن أعضـاء الجنـس الآدمـي ليخبرنـا بأمـور تعـود علينـا بفوائـد روحيـة.

وهنـاك حقائـق كثيـرة أخـرى يشـملها هـذا الإعـلان، ولكنهـا واقعيـاً مثـل الإطـار الـذي نضعـه حـول الصـورة. فالصـورة نفسـها هـي آدم ونسـله وتعامـلات اللـه معهـم. أمـا الأمـور الأخـرى المُعلنـة، فهـي ليسـت جـزءاً مـن الصـورة وإنمـا هـي جـزء مـن

الإطار. علينا أن نضع الإطار في الوضع المناسب لكي نتمكن من رؤية الصورة بوضوح. ولكن تذكر دائماً أن: الكتاب المقدس يتحدث في المقام الأول عن آدم ونسله.

من الألقاب الأساسية التي أطلقت على يسوع في العهد الجديد هو «**ابن الإنسان**». وهذا اللقب هو ترجمة مباشرة للعبارة العبرية « **Ben Adam**» أي «ابن آدم». في الواقع استخدم يسوع نفسه هذا اللقب أكثر من ثمانين مرة في الأناجيل. وقد تَعَمّدَ أن يعلن عن نفسه أنه ابن آدم.

وفيما بعد، أطلق بولس الرسول على يسوع لقب «**آدم الأخير**» في (١كورنثوس١٥ :٤٥). لا يمكن بأي وسيلة أن يكون يسوع الممثل الأخير للجنس الآدمي هذا طبقاً للأنساب البيولوجية، فقد وُلِد الآلاف منذ زمنه حتى الآن. وإنما كان يسوع «**الأخير**» بمعنى أنه أَنهى تماماً ونهائياً الشر الذي جاء على جنسه.

ولكي يواجه الله تمرد كل من آدم وحواء بدأ في تنفيذ «خطته السرية» المُعدة أزلياً . وقد تجلت هذه الخطة للعيان تاريخياً في حياة يسوع وموته وقيامته. فقد كان يسوع، ابن آدم، وهو «سلاح الله السري».

ولـم أصـل إلـى طريقـة تقـدم تحديـداً زمنيـاً دقيقـاً للسـتة أيـام التـي تُوجــت بخلـق اللـه لآدم. في القـرن السـابع عشـر نشـر «آشـر» (Usser) رئيس أسـاقفة الكنيسـة الإنجيليـة كتابـاً بعنـوان «سـجلات تاريـخ العهديـن القديـم والجديـد» Annalts «of the Old and New testament». وطبقـاً لترجمـة «كينـج جيمـس King James Version» للكتـاب المقدس، فقـد حسـب أن تاريـخ الخليقـة الـذي يصفـه سـفر التكويـن علـى أنـه تـم في عـام ٤٠٠٤ قبـل الميـلاد. وكان هـذا التاريـخ مطبوعـاً فعليـاً في هامـش أول كتـاب مقـدس حصلـت عليـه، وهـو الكتـاب الـذي أعطتـه لـي جدتـي.

ومـع ذلـك، لـم يعـد كثيـر مـن المؤمنيـن يلتفتـون لهـذا التاريـخ جديـاً. وقـد تـرك الكتـاب المقـدس المجـال مفتوحـاً لأن يكـون الخلـق الـذي وصفـه (تكويـن ١: ٢) ومـا يتلـوه قـد سـبقته فتـرة زمنيـة غيـر محـددة. قـد تكـون آلاف السـنوات وقـد تكـون ملاييـن السـنوات. فـي رأيّـي لا علاقـة للسـنوات بقيـاس تلـك الفتـرة.

قـدم الدارسـون تفسـيرات متعـددة ومختلفـة عـن الآيـات الافتتاحيـة للكتـاب المقـدس. كمـا أدلـى العلـم بدلـوه الـذي لا يمكـن تجاهـل تأثيـره. ومـن جهتـي، لا أعـرف شـيئاً يحـول دون

احتمال وجود فترات متعاقبة من الخلق والإبداع تسبق خلق آدم. ويمكنني أن أدعوها «فترة ما قبل آدم». فقبل أن نظهر نحن (آدم ونسله)، في المشهد، كانت هناك مؤشرات على وجود شيء ما لفترة طويلة جداً. وإن رأينا هذه الفترة كما يراها الله، فسيكون علينا أن نصنفها، ونعيد تقسيمها، وندرك عدة فترات أو أزمنة مختلفة.

أود التركيز فقط على إحدى الجوانب التي تناولتها الأسفار المقدسة وهي: خلق السموات ثم الأرض.

نجد في الآية الافتتاحية للكتاب المقدس واحدة من تلك العبارات العظيمة التي لم ولن تفقد تأثيرها. وإن لم يكن في الكتاب المقدس إلا آية واحدة، وهي (تكوين ١ : ١)، لكنت سأقر شخصياً بأنها موحى بها من الله. فهي بالنسبة لي، تتحدث بسلطان. لم أستطع حتى عندما كنت غير مؤمن وشكاك أن أتغاضى عن حقيقة وجود سلطان سأضطر إلى مواجهته في تلك الآية. وقد حدثت تلك المواجهة في الوقت المناسب.

ها هي العبارة التي تواجهنا: «**فِي الْبَدْءِ خَلَقَ اللهُ السَّمَاوَاتِ وَالأَرْضَ**». فلنركز للحظة على ترتيب الأحداث المذكور هنا.

عندما ترنمت الملائكة

تشير عدة فقرات من الأسفار المقدسة إلى أن الله خلق السموات والكائنات المزمعة أن تسكن تلك السموات، ثم خلق الأرض. وقد كانت السموات وساكنوها بالفعل في أماكنهم عندما خُلقت الأرض.

نجد أيوب يحاجج الرب في عدة أجزاء من سفر أيوب. فقد شك أن الله لا يدير الكون بطريقة ترضيه. فقد كانت الأمور خارجة عن السيطرة ولم يعامل الله أيوب بالطريقة التي أراد أيوب من الله أن يعامله بها. تمنى أيوب لو تقابل شخصياً مع الرب.

ثم فجأة، ظهر الرب في المشهد في وسط كل هذا ـ بشخصه ـ مقدما لأيوب صدمة عمره. أمطر الرب أيوب بوابلٍ من الأسئلة التي لم يستطع أن يقدم لها أيّة إجابة:

«أَيْنَ كُنْتَ حِينَ أَسَّسْتُ الأَرْضَ؟ أَخْبِرْ إِنْ كَانَ عِنْدَكَ فَهْمٌ. مَنْ وَضَعَ قِيَاسَهَا؟ لأَنَّكَ تَعْلَمُ! أَوْ مَنْ مَدَّ عَلَيْهَا مطْمَاراً؟ [مقياس المسافات]. عَلَى أَيِّ شَيْءٍ قَرَّتْ قَوَاعِدُهَا، أَوْ مَنْ وَضَعَ حَجَرَ زَاوِيَتِهَا، عِنْدَمَا تَرَنَّمَتْ كَوَاكِبُ الصُّبْحِ مَعاً وَهَتَفَ جَمِيعُ بَنِي اللهِ».

(أيوب ٣٨: ٤ ـ ٧).

نرى أن «**كواكب الصبح ترنمت**» و«**هتف ...بني الله**» عندما وضع الرب أساسات الأرض [أسسها]! وفي هذا السياق «**بني الله**» هم بلا شك الملائكة. فعندما وضع الله أساسات الأرض، كان الملائكة جميعهم يشاهدون ذلك. إذ كان الله قد خلق السموات وجندها بالفعل، كما كانوا جميعهم يستمتعون بذلك المشهد الرائع للرب وهو يأتي بالأرض إلى الوجود.

«**بَعْدَ ذَلِكَ قَالَ سُلَيْمَانُ لِلرَّبِّ، عِنْدَمَا كَانَ يُدَشِّنُ هَيْكَلَهُ: لأَنَّهُ هَلْ يَسْكُنُ اللهُ حَقّاً مَعَ الإِنْسَانِ عَلَى الأَرْضِ؟ هُوَذَا السَّمَاوَاتُ وَسَمَاءُ السَّمَاوَاتِ لاَ تَسَعُكَ فَكَمْ بِالأَقَلِّ هَذَا الْبَيْتُ [الهيكل] الَّذِي بَنَيْتُ**». (٢أخبار٦: ١٨) . فعندما يذكر سليمان «**سماء السموات**»، فإنه يصف سماءً تعلو بكثير السماء التي نراها.

وقد تناول نحميا هذا الموضوع عندما قال في فقرة مشابهة من (نحميا٩: ٦).

«**أَنْتَ هُوَ الرَّب وَحْدَكَ. أَنْتَ صَنَعْتَ السَّمَوَات وَسَمَاء السَّمَوَات وَكُلَّ جُنْدَهَا وَالأَرْض وَكُلَّ مَا عَلَيْهَا وَالْبِحَار وَكُلُّ مَا فِيهَا وَأَنْتَ تُحيِيهَا كُلَّهَا وَجُنْد السَمَاء لَكَ يَسْجُدُ**».

تحدث نحميا عن «**السماء**» وعن «**سماء السموات**» مثله مثل سليمان. مما يؤكد وجود سماء تعلو السماء التي نراها كما تعلو السماء التي نراها عن الأرض.

ألغازٌ تكشفها قواعد النحو

توجـد فـي الأصحاحـات الافتتاحيـة مـن سـفر التكويـن،
كلمـات معينـة ذات مغـزى أتـت فـي صيغـة الجمـع، ومـع ذلـك لا
يمكـن التعـرف عليهـا بسـهولة عندمـا تُترجـم إلـى لغـات أخـرى.
فعندمـا نرغـب علـى سـبيل المثـال فـى اللغـة العربيـة أن نجمـع
أي اسـم نضيـف إليـه أحيانـاً «ون» فعلـى سـبيل المثـال «معلـم»
«معلمـون»، و «مرشـد» «مرشـدون» وهكـذا. وأحـد الطـرق
الأوليـة لتكويـن صيغـة الجمـع فـي اللغـة العبريـة هـي بإضافـة
حرفيـن همـا «im» اللـذان يُنطقـان «يـم eem». وهـذه النهايـة
«im» هـي الصـورة العاديـة لصيغـة الجمـع فـي العبريـة ونجـد
فـي هـذه الآيـة الأولـى ، كلمتيـن تنتهيـان هكـذا «im». فتأتـي
الكلمـة التـي تعبـر عـن الله «Elohim» والكلمـة التـي تعبـر عـن
السـموات «Shamaim» فـي صيغـة الجمـع.

بالإضافـة لهـذا، فالأفعـال العبريـة لهـا صيغـة المفـرد
والجمـع، ويجـب أن تتفـق مـع الأسـماء أو الضمائـر التـي ترتبـط
بهـا. ومـع ذلـك نجـد هنـا فـي (تكويـن ١: ١) تناقضـاً واضحـاً
مـع قواعـد النحـو، لأن الفعـل العبـري «يخلـق» فـي صيغـة
المفـرد بينمـا الكلمـة المسـتخدمة للـه، كمـا أشـرنا مـن قبـل،
فـي صيغـة الجمـع! إذا، يظهـر فـي الآيـة الافتتاحيـة للأسـفار

المقدسة سر الله المثلث الأقانيم وهو: أن الله فيه تجتمع الوحدة والتعددية معاً.

وتأتي السماء، كما ذكرنا من قبل، في صيغة الجمع السموات «Shamaim» وليست السماء. يشير الكتاب المقدس بوضوح كما رأينا من قبل وسنرى في أقسام تالية من هذا الكتاب إلى أن هناك أكثر من سماء. وتأتي في المقابل الكلمة التي تستخدم «الأرض» في صيغة المفرد. ومن ثم نجد أن هناك كلمتان تأتيان في صيغة الجمع وهما الله والسماء.

وتأتي أيضاً كلمتان أُخرتان في صيغة الجمع على نحو متكرر في سفر التكوين. أولهما هي كلمة «حياة Chaim»: «**وَجَبَلَ الرَّبُّ الإِلَهُ آدَمَ تُرَاباً مِنَ الأَرْضِ وَنَفَخَ فِي أَنْفِهِ نَسَمَةَ حَيَاةٍ. فَصَارَ آدَمُ نَفْساً حَيَّةً**» (تكوين ٢: ٧).

نفخ الله في آدم نسمة «**حياة**» [في صيغة الجمع]. وعندما نواصل قراءة الأسفار المقدسة نجد أن هناك أشكالاً متعددة للحياة وهي الحياة الروحية والحياة الجسدية، الحياة الفانية والحياة الخالدة. ويتضمن هذا الأصحاح من سفر التكوين جميع هذه المفاهيم في شكل أولي وهي تتضح تدريجياً في الأسفار المقدسة.

كلمة أخرى مهمة جداً في اللغة العبرية وتتكرر في أوائل سفر التكوين كما تأتي في صيغة الجمع هي الكلمة المستخدمة «للمياه» «maim»: «**وَرُوحُ اللّٰهِ يَرِفُّ عَلَى وَجْهِ الْمِيَاهِ**» (تكوين ١: ٢).

يشير الكتاب المقدس إلى وجود أكثر من نوع للماء. فهناك ماء الحياة والمياه الطبيعية. وهناك ماء فوق السموات وماء تحت السموات. ويُقدم آخر وعود الله المتعلقة بالماء في (رؤيا ١٧:٢٢) «**وَمَنْ يَرِدْ فَلْيَأْخُذْ مَاءَ حَيَاة مَجَّانًا** [بدون أجر]».

عندما تأتي أية كلمة في الأسفار المقدسة في صيغة الجمع، يكون هناك في كل حالة سبب وراء ذلك. وهناك إعلانات يريد الله أن يوصلها لنا من خلال هذه الحقيقة النحوية وهي إتيان أحد الأسماء في صيغة الجمع.

الله لم يخلق فوضى

كلما رجعت إلى الآيات الافتتاحية لسفر التكوين، أجد نفسي مضطراً للتسليم بأن هناك تضاداً بين حالة الأرض كما خلقها الله أصلاً في (آية ١) وحالتها كما تصفها (آية ٢):

١. **في البدء خلق الله السموات والأرض.**

٢. **وكانت الأرض خربة وخالية وعلى وجه الغمر ظلمة.**

فقد أصبحت الأرض كما وصفتها آية ٢ مظلمة، وخربة لا شكل لها، وقفر رطب. وقراءتي لتلك الآية وما يتلوها في الكتاب المقدس يقنعني، بأن ذلك ليس وصفاً للأرض كما خلقها الله أصلاً. فهو ليس «عالماً يجري تجارب في معمل» بل هو خالق. ويقدم أعمال الخلق الأخرى التي يصنفها هذا الجزء من الأسفار المقدسة، وهي أعمال تامة وكاملة لا تحتاج للتحسين أو الإصلاح.

يتضح إذاً، أن هذا الوصف للأرض الذي تقدمه آية ٢ لا يصف الأرض في الحالة التي خلقها الله عليها في البداية في آية ١. وإنما هو وصف للحالة التي وصلت إليها الأرض فجأة نتيجة لأحداثٍ وقعت بين آية ١ وآية ٢. وقد يشير ذلك إلى حدوث شئ مفاجئ، مما غَيَّرَ نظام الأرض وجمالها كما خلقهما الله في الأصل، وأصبحت نتيجة لذلك خربة وخالية. من الممكن أن تترجم الكلمة التي تُرجمت في هذه الآية من **«كانت... خربة»** إلى **«أصبحت ...خربة»**.

واللغة المستخدمة في العبرية مذهلة. فالكلمتان **«خربة»** و**«خالية»** هما ترجمة للعبارة العبرية (Tohu - bohu va) وقد صُممت هاتين الكلمتين المتناغمتين لتأتيان معاً: (bohu و tohu). وتحتوي عدة لغات أخرى على كلمات ثنائية مثل هذه.

فلدينا في الإنجليزية على سبيل المثال (harem - scarem) وهناك في الروسية عبارة (shiverit naviverit) .. تتشابه هذه العبارات المتناغمة في تلك الأمثلة الإنجليزية والروسية مع العبارة العبرية (Tohu Va Bohu) . وهي تصف الأرض بالفوضى. وتشتمل الكلمات نفسها، في الحقيقة، على إيحاء أو إحساس بالموقف الذي تصفه.

والآن، لنرى أجزاء أخرى في العهد القديم تُستخدم فيها هاتان الكلمتان العبريتان (tohu) و(bohu) وتأتي هاتان الكلمتان معاً في فقرتين فقط من الكتاب المقدس . الأولى في (إشعياء ٣٤). ويصف هذا الأصحاح قضاءً مستقبلياً من الله على أرض أدوم، هو الاسم الذي أُطلق على أخي يعقوب التوأم، عيسو وعلى نسله. وأدوم هي الدولة التي تقع شرق البحر الميت. تشير الأسفار إلى أنه في نهاية هذا الجيل سيأتي قضاء فظيع، ومخرب، ومستمر من الله على هذه المنطقة. وسيكون قضاء الله على آدوم بطريقة تجعله يكون أثراً يشهد دائماً للأجيال المتتابعة، على قضاء الله. ويُسجل هذا الوصف على نحو واضح جداً:

«لأَنَّ لِلرَّبِّ يَوْمَ انْتِقَام، سَنَةَ جَزَاءٍ مِنْ أَجْلِ دَعْوَى صِهْيَوْنَ. وَتَتَحَوَّلُ أَنْهَارُهَا زِفْتاً، وَتُرَابُهَا كِبْرِيتاً، وَتَصِيرُ أَرْضُهَا زِفْتاً

مُشْتَعلاً، لَيْلاً وَنَهَاراً لاَ تَنْطَفِئُ. إِلَى الأَبَدِ يَصْعَدُ دُخَانُهَا. مِنْ دَوْرٍ إِلَى دَوْرٍ تُخْرَبُ. إِلَى أَبَدِ الآبِدِينَ لاَ يَكُونُ مَنْ يَجْتَازُ فِيهَا.» (أشعياء ٣٤: ٨ ـ ١٠).

والآية التالية هي التي تحتوي على عبارة (bohu ـ tohuva):

«وَيَرِثُهَا الْقُوقُ وَالْقُنْفُذُ، وَالْكَرْكِيُّ وَالْغُرَابُ يَسْكُنَانِ فِيهَا، وَيُمَدُّ عَلَيْهَا خَيْطُ الْخَرَابِ [tohu] وَمِطْمَارُ الْخَلاَءِ [bohu]». (آية ١١).

هذه صورة مجازية مستمدة من أدوات المهندس المعماري للقياس بالخيط والمطمار. فهو يقيس المسافات الأفقية مستخدماً الخيط، ويقيس المسافات الرأسية مستخدماً المطمار. تلخص هذه العبارة الوصفية قضاء الله. فسوف يكون بخيط القياس «الخراب» (tohu) ومطمار القياس «الخلاء» (bohu). بمعنى آخر، كيف سيكون الوضع؟ سيصبح قفراً كلياً. فستُسَلم أدوم كلية للقفر والخراب حتى تصبح تذكاراً شاهداً على قضاء الله منذ ذلك الحين وإلى الأبد. فالصورة هي إحدي صور غضب الله وعقابه اللذين ينطلقان في قضاء مقفر.

والموضع الآخر الذي تُذكر فيه هاتان الكلمتان (bohu) و(tohu) هو (إرميا ٤: ٢٢ـ٢٣)، وهنا أيضا ذكرت الكلمتين

مرتبطتين بالقضاء. والقضاء الذي يُذكر هنا مرتبط بإسرائيل. ويكشف الله في (إرميا ٤: ٢٢) عن السبب في قضائه هذا **«لأنَّ شَعْبِي أَحْمَق. إيَّاي لَمْ يَعْرِفُوا. هُمْ بَنُون جَاهِلُون وَهُمْ غَيرَ فَاهِمِين. هُمْ حُكَمَاء فِي عَمَل الْشَر وَلِعَمَل الْصَالِح مَا يَفْهَمُون»**.

هذه صورة عن التمرد والشر الذي وقع فيه الشعب. ثم يعطي إرميا رؤية عن القضاء المزمع أن يأتي فيقول: **«نَظَرْتُ إلَى الأَرْض وَإذَا هِيَ خَرِبَةٌ (tohu) وَخَالِيَةٌ (bohu) وَإلَى السَّمَاوَاتِ فَلاَ نُورَ لَهَا»** آية ٢٣ .

وهنا نجد نفس العبارة مرة أخرى **«خربة وخالية»** «tohu and bohu». وهي صورة للقفر والخراب الناتج عن قضاء الله على الشر.

وبذلك هناك ثلاث مواضع فقط في الأسفار المقدسة تأتي فيهم هاتان الكلمتان معاً «tohu و bohu» وهم (تكوين ١ :٢) و (إشعياء ٣٤: ١١)، و (إرميا ٤: ٢٣). ويصور الأخيران مشهداً مرعباً للقفر والخراب الذي أتى نتيجة لقضاء الله على الشر الفظيع. ويتماشى (تكوين ١: ٢) تماماً مع هاتين الفقرتين الأخرتين وذلك إن فسَّرناه ليكون هو أيضاً صورة لقضاء الله على أعمال الشر التي لا توضحها هذه الآية بالتفصيل.

لنفحص الآن بعض الفقرات التي تستخدم فيها «tohu» بدون «bohu». يقول (تثنية٣٢: ١٠) إن الرب وجد يعقوب «**فِي أَرْضٍ قَفْرٍ وَفِي خَلاءٍ مُسْتَوْحِشٍ خَرِبٍ**» وكلمة خلاء هي «tohu». فالصورة بأكملها هي إحدى صور القفر الخرب.

ونقرأ في (أيوب٦: ١٨) عن جداول المياه التي تجف في الصحراء وتتلاشى في الرمال دون أن تقدم خيراً لأحد: «**يَعْرُج السَّفَر عَنْ طَرِيقَهُم يَدْخُلون التِّيهَ فَيَهْلِكُونَ**». وكلمة يهلكون هي «tohu». فالرمال هي كل ما يتبقى.

وتُترجم كلمة «tohu» في (أيوب١٢: ٢٤) و(مزمور١٠٧: ٤) إلى «**تيه وبرية**» فيقول «**يَنْزِعُ عُقُولَ رُؤَسَاءِ شَعْبِ الأَرْضِ، وَيُضِلُّهُمْ فِي تِيهٍ (tohu) بِلاَ طَرِيقٍ**» (أيوب١٢: ٢٤)؛ و«**تَاهُوا فِي الْبَرِّيَّةِ فِي قَفْرٍ (tohu) بِلاَ طَرِيقٍ**» (مزمور١٠٧: ٤).

وقد نتج عن قضاء الله في كل من هاتين الحالتين، وضع تصفه الآيات بأنه قفر وبرية «tohu».

فإذا ربطنا جميع هذه الفقرات المقتبسة أعلاه، نصل لنتيجة واحدة تنطبق عليهم جميعاً وهي: أنهم يصفون نتيجة قضاء الله. وقد ينطبق هذا على (تكوين١: ٢) كما على الفقرات الأخرى.

ويمكننا كذلك النظر إلى عدد من الأمثلة الواردة في سفر إشعياء نتصور قضاء الله على الأرض كلها فيقول «**هُوَذَا الرَّبُّ يُخْلِي الأَرْضَ وَيُفْرِغُهَا، وَيَقْلِبُ وَجْهَهَا وَيُبَدِّدُ سُكَّانَهَا.**» (إشعياء ٢٤: ١).

ويستمر إشعياء في الحديث عن ذلك كجزء من القضاء الكلي فيقول: «**دُمِّرَتْ قَرْيَةُ الْخَرَابِ (tohu)**» آية ١٠ . ويصور هذا مدينة في حالة من القفر والخراب نتيجة لقضاء الله.

ومرة أخرى يصور (إشعياء ٤٠: ٢٣) قضاء الله على حكام الأرض فيقول «**الَّذِي يَجْعَلُ الْعُظَمَاءَ لاَ شَيْئاً، وَيُصَيِّرُ قُضَاةَ الأَرْضِ كَالْبَاطِلِ (tohu)**».

وفي (إشعياء٤١: ٢٩) يصف الله الذين يعبدون الأصنام، فيقول: «ها كلهم باطل، وأعمالهم عدم، ومسبوكاتهم ريح و خلاء (tohu)».

فالخلاء الخرب هو نتيجة غضب الله وقضائه في كل حالة؛ والعبارة الأكثر حسماً من الجميع هي (إشعياء ٤٥: ١٨):

«**لأَنَّهُ هكَذَا قَالَ الرَّبُّ: «خَالِقُ السَّمَاوَاتِ هُوَ اللهُ. مُصَوِّرُ الأَرْضِ وَصَانِعُهَا. هُوَ قَرَّرَهَا. لَمْ يَخْلُقْهَا بَاطِلاً (tohu). لِلسَّكَنِ صَوَّرَهَا. أَنَا الرَّبُّ وَلَيْسَ آخَرُ**».

فلـم تكـن صـورة الخليقـة التـي أبدعهـا اللـه «tohu» أي حالـة مـن الخـراب والفوضـى.

والآن لنضـع تلـك الفقـرة مـن الأسـفار المقدسـة جنبـاً إلـى جنـب مـع مـا يصـف خليقـة اللـه.

فيقـول (تكويـن ١: ٢) إن الأرض كـانت «tohu». ويقـول (إشـعياء ٤٥: ١٨) إن اللـه لـم يخلقهـا «tohu». فيكـون المعنـى الـذي يتضمنـه ذلـك واضحـاً وهـو: أن الأرض كمـا يصفهـا (تكويـن ١: ٢) ليسـت فـي الحالـة التـي خلقـت عليهـا فـي البدايـة. فلـم يخلـق اللـه أرضنـا « bohu tohu »، وإنمـا خلقهـا للسـكنى. فـكان هدفـه هـو أن يصنـع مكانـاً مبـاركاً ومبهجـاً، ورائعـاً لكـي تسـكن فيـه خليقتـه.

تشـير حقيقـة أن الأرض أصبحـت « tohu bohu »، إلـى أن قضـاء اللـه قـد أتـى عليهـا فـي الفتـرة الفاصلـة بيـن خلقهـا كمـا سـجله (تكويـن ١:١) والمشـهد الـذي يصـوره (تكويـن ١: ٢). وسـنحلل، فـي الفصـل القـادم، تسـجيلات الكتـاب المقـدس لتمـرد الملائكـة الـذي أتـى بقضـاء اللـه. وقـد يكـون هـذا حـدث بالفعـل فـي الفتـرة مـا بيـن (تكويـن ١:١) و(تكويـن ١: ٢) .

يمكننـا أن نسـأل عندمـا تواجهنـا هـذه الصـورة لـكل مـن

«bohu» و «tohu»: هـل يمكـن أن يرتبـط هـذا بطريقـة مـا بمـا يفسـره العلمـاء علـى أنـه «الضربـة العنيفـة Big Bang »؟ فربمـا تكــون (البيــج بانــج) أو (Big Bang) كانـت قضـاءً مـن اللـه علـى الأرض بـدلاٍ مـن كونهـا بدايـة وجـود الأرض " كمـا يصفهـا العلمــاء "

بالطبع، لا أدّعـي أنـي قـد أجبـت علـى جميـع الأسـئلة التـي أُثيــرت حـول الخلـق. ففـي الحقيقـة لا توجـد حـدود لمثـل هـذه الأسـئلة. ولكـن يجـب ألا نسـمح إطلاقـاً للأمـور التـي لا نفهمهـا أن تحجـب عنـا رؤيـة الأجـزاء التـي أوضحهـا اللـه لنـا.

دعنـي، فـي نهايـة هـذا الفصـل، أشـاركك أمـراً ثبتـت صحتـه علـى مـر الســنين. وهـو أن اللـه لا يكـرس نفسـه لمجاوبـة كل عقـل يفكـر، وإنمـا يسـتجيب دائمـاً للقلـب المخلـص الجائـع.

سـنواصل الآن فحصنـا للمواجهـة بيـن اللـه ولوسـيفر التـي جـاءت بالقضـاء علـى خليقـة اللـه الأصليـة.

(٤)

لوسيفر يتحدى الله

«رَأَيْتُ الشَّيْطَانَ سَاقِطاً مِثْلَ الْبَرْقِ مِنَ السَّمَاءِ»

(لوقا ١٠: ١٨)

يصف يسوع هنا لتلاميذه مشهداً رآه في السماء قبل تجسده بفترات طويلة. ليحذرهم من خطر الكبرياء. فوصف لهم قضاء الله على رئيس ملائكة يُدعى لوسيفر.

شغل لوسيفر مركزاً فريداً في السماء. وقد قال الله عنه:

«أَنْتَ خَاتِمُ الْكَمَالِ مَلآنٌ حِكْمَةً وَكَامِلُ الْجَمَالِ. كُنْتَ فِي عَدْنٍ جَنَّةِ اللهِ. كُلُّ حَجَرٍ كَرِيمٍ سِتَارَتُكَ عَقِيقٌ أَحْمَرُ وَيَاقُوتٌ أَصْفَرُ وَعَقِيقٌ أَبْيَضُ وَزَبَرْجَدٌ وَجَزْعٌ وَيَشْبٌ وَيَاقُوتٌ أَزْرَقُ وَبَهْرَمَانٌ وَزُمُرُّدٌ وَذَهَبٌ. أَنْشَأُوا فِيكَ صَنْعَةَ صِيغَةِ الْفُصُوصِ وَتَرْصِيعِهَا (صَنْعَة دفوفك وناياتك) يَوْمَ خُلِقْتَ. أَنْتَ الْكَرُوبُ الْمُنْبَسِطُ الْمُظَلِّلُ وَأَقَمْتُكَ. عَلَى جَبَلِ اللهِ الْمُقَدَّسِ كُنْتَ. بَيْنَ حِجَارَةِ

الْنَارِ تَمَشَّيْتَ. أَنْتَ كَامِلٌ فِي طُرِقِكَ مِنْ يَوْمَ خُلِقْتَ حَتَى وُجِدَ فِيكَ إِثْمٌ» (حزقيال٢٨: ١٢-١٥).

يثير هذا الوصف سؤالين، أولاً: من أي منطقة في السماء طُرح لوسيفر؟ وثانياً: إلى أي منطقة طُرح؟

لا أعتقد أن لوسيفر له الحق في الدخول للسماء الثالثة وإلا لكان ترك أثراً لتمرده هناك . فانطباعي عن السماء الثالثة هو أنها مكان القداسة الكاملة حتى أنه لا يمكن أن يتواجد فيها أي أثرٍ للخطية. ولكن ذلك هو مجرد انطباع شخصي!

لم يذكر الكتاب المقدس في أي من أجزائه شيئاً عن المكان المحدد الذي طُرح إليه لوسيفر وملائكته، وإنما يبدو أنهم قد أسسوا مملكتهم المعادية في مكان آخر في السماويات، وربما تكون في مكان ما من السماء الوسطى.

يوجد في الأسفار المقدسة ثلاث مناطق مختلفة على الأقل تُسمى «السماء» قد أشرت إلى ذلك في الفصل الأول. فأولاً: السماء المنظورة فوقنا. ثم تأتي بعدها السماء الوسطى التي يصفها سفر الرؤيا في (رؤيا٨: ١٣، و١٤: ٦، و١٩: ١٧). وأخيراً السماء الثالثة التي هي أعلاهن جميعاً، وهي المكان المقدس لسكنى الله، وهي المكان الذي أشار له سليمان

في (٢أخبار الأيام ٢: ٦) «**وَمَنْ يَسْتَطِيعُ أَنْ يَبْنِي لَهُ بَيْتاً لأَنَّ السَّمَوَاتِ وَسَمَاءَ السَّمَوَاتِ لا تَسَعُهُ**».

يصف (حزقيال ٢٨: ١٤) لوسيفر على أنه «**الْكَرُوبُ الْمُنْبَسِطُ الْمُظَلِّلُ**». ويبدو أن لوسيفر ظلل بأجنحته مكان استعلان مجد الله في هيكله السماوي، مثلما ظلل الكروبيم كرسي الرحمة والمكان الذي يتراءى فيه مجد الله في خيمة موسى. ويصف (خروج ٣٧: ٩) هذا بقوله: «**وَكَانَ الْكَرُوبَانِ بَاسِطَيْنِ أَجْنِحَتَهُمَا إِلَى فَوْقِ مُظَلَّلَيْنِ بِأَجْنِحَتِهِمَا فَوْقَ الْغِطَاءِ وَوَجْهَاهُمَا كُلُّ الْوَاحِدِ إِلَى الآخَرِ. نَحْوَ الْغِطَاءِ كَانَ وَجْهَا الْكَرُوبَيْنِ**».

كان لوسيفر كاملاً في جماله، ولكنه كان كائناً مخلوقاً. وقد حفزه كبرياؤه على أن يتحدى الله ويطالب بالمساواة مع الله. ومن الواضح أن لوسيفر كان له سلطان على مجموعة من الملائكة، وأنه نجح في إبعاد بعض الذين تحت سلطانه عن ولائهم لله. فقادهم ليشاركوه تمرده على الله. ونتيجة لذلك، طرد الله لوسيفر وشركاءه، من حضرته.

يستخدم الكتاب المقدس كلمة «تجارة» في وصفه لنشاط لوسيفر في تأليب بعض الملائكة على الله، التي من الممكن أن تنطبق أيضاً على التدبير المستمر للمكائد فيقول:

«**بِكَثْرَةِ تِجَارَتِكَ مَلأُوا جَوْفَكَ ظُلْماً فَأَخْطَأْتَ ... قَدْ نَجَّسْتَ مَقَادِسَكَ بِكَثْرَةِ آثَامِكَ بِظُلْمِ تِجَارَتِكَ**». (حزقيال ٢٨: ١٦ ـ ١٨).

تستخدم هذه الكلمة «**تجارة**» لوصف من يتجول ناشراً للإشاعات أو مشوهاً للسمعة. بمعنى آخر تصف هذه الكلمة من يتجول لبيع البضائع ونشر الإشاعات. وتُترجم هذه الكلمة في أسفار الكتاب المقدس الأخرى مثل: لاويين، وأمثال، وإرميا، إلى «ناشر الإشاعات» أو «مشوه السمعة». على سبيل المثال يقول سفر (اللاويين١٩: ١٦)، «**لاَ تَسْعَ فِي الْوِشَايَةِ** (نشر الإشاعات) **بَيْنَ شَعْبِكَ**».

وفي (أمثال ٢٠: ١٩) يربط بين الوشاية والتملق باللسان. ويحذرنا من كلا الشخصين فيقول: «**اَلسَّاعِي بِالْوِشَايَةِ يُفْشِي السِّرَّ، فَلاَ تُخَالِطِ الْمُفَتِّحَ شَفَتَيْهِ** (المتملق بلسانه)».

من الواضح أن هذا يصف بدقة ما فعله لوسيفر. فقد تجول بين الكائنات الملائكية المخلوقة ليروج وينظم لحركة التمرد على الله وينظمها. أتخيل لوسيفر يقول أشياء للملائكة الذين تحته، مثل: «الله لا يقدرك حق قدرك، فأنت في مكانة أقل بكثير جداً من قدراتك، وبعيدة كل البعد عن تلك المكانة التي يجب أن تتبوأها. وإن كان لي أن

أتولى زمام الأمر لفهمت مميزاتك وقدرتك وقمت بترقيتك ومنحك سلطات أوسع في إدارة شئون العالم».

من الواضح أن كل هذا لم يحدث فجأة أو حتى في بضعة أيام. فليست لدينا وسيلة لتحديد الوقت الذي استغرقه لوسيفر في الترويج لتمرده، ولكنه كان وقتاً كافياً لينظم ثورة ضد الله قد خُطط لها بإحكامٍ، وليقنع ما يُقدر بثلث الملائكة بأن ينضموا إليه.

يقوم هذا التصور على عبارة يذكرها سفر الـ (رؤيا ١٢: ٤) فيما يتعلق بالشيطان: «**وَذَنْبُهُ** (ذيله) **يَجُرُّ ثُلْثَ نُجُومِ السَّمَاءِ فَطَرَحَهَا إِلَى الأَرْضِ**»، فيفسر عبارة نجوم السماء على أنها تشير لجماعة الملائكة بأكملها. إلا أن هذا التفسير قابل للمناقشة.

ربما لم تتخيل من قبل هذا السلوك بين الملائكة في الجنة. لكن بدأت أعمال التمرد التي نتجت عن ذلك في السماء لا على الأرض كما ذكرت من قبل، بل لم يكن على إبليس أن يغير البتة من خططه سواء في السماء أو على الأرض وذلك لسبب واحد بسيط هو: أن تلك الخطط مازالت ناجحة! وهو يواصل السعي ليضعف من قوة صور السلطة المختلفة التي وضعها الله في كل من الكنيسة والعالم لأنه يتقن ترويج الإشاعات أو تشويه السمعة.

لم يتوقف لوسيفر عن تمرده عندما طُرد من السماء، بل استمر فيه، وذلك بتأسيس مملكة خاصة به ليقاوم ملكوت الله. ويكشف يسوع في (لوقا ١١: ١٧-١٨) أن الشيطان لديه مملكة خاصة به فيقول: «**كُلُّ مَمْلَكَةٍ مُنْقَسِمَةٍ عَلَى ذَاتِهَا تَخْرَبُ، وَبَيْتٍ مُنْقَسِمٍ عَلَى بَيْتٍ يَسْقُطُ. فَإِنْ كَانَ الشَّيْطَانُ أَيْضاً يَنْقَسِمُ عَلَى ذَاتِهِ، فَكَيْفَ تَثْبُتُ مَمْلَكَتُهُ؟**».

الممالك التي في السماويات

يوضح بولس في (كولوسي ١: ١٦)، الهيكل التنظيمي الذي يحكم ملكوت الله في السماء كما أسسه يسوع منذ البدء في طبيعته الأزلية فيقول: «**فَإِنَّهُ فِيهِ (في يسوع) خُلِقَ الْكُلُّ: مَا فِي السَّمَوَاتِ وَمَا عَلَى الأَرْضِ، مَا يُرَى وَمَا لاَ يُرَى، سَوَاءٌ كَانَ عُرُوشاً أَمْ سِيَادَاتٍ أَمْ رِيَاسَاتٍ أَمْ سَلاَطِينَ**».

لاحظ هذه المستويات الأربعة المتصاعدة للسلطة. وسنذكر بديلاً مناسباً في الترجمة العربية بين قوسين كلما أمكن:

- **عروش**
- **سيادة**
- **رياسات (حكاماً)**
- **سلاطين (سلطات)**

من بين الخصائص الأساسية لتمرد لوسيفر هو اقتباسه للهيكل التنظيمي الأصلي للحكم الذي وضعه الله، والذي كان يعرفه جيداً، ثم قام باستخدامه ضد الله. يذكر بولس في (أفسس٦: ١٢) قائمة بالهيكل التنظيمي لمملكة الشيطان المتمردة فيقول:

«**فَإِنَّ مُصَارَعَتَنَا لَيْسَتْ مَعَ دَمٍ وَلَحْمٍ، بَلْ مَعَ الرُّؤَسَاءِ، مَعَ السَّلاَطِينِ، مَعَ وُلاَةِ الْعَالَمِ، عَلَى ظُلْمَةِ هذَا الدَّهْرِ، مَعَ أَجْنَادِ الشَّرِّ الرُّوحِيَّةِ فِي السَّمَاوِيَّاتِ**».

لم يُورد بولس في قائمته أي ذكر «للعروش» أو «السيادات». والمعنى الذي يتضمنه هذا هو أن هاتين الرتبتين الأوليتين لم تشاركا لوسيفر في تمرده. ويُصور التمرد على أنه بدأ في مستويات «الرياسات» الحكام و «السلاطين» السلطات .

الكبرياء: الخطية الأصلية

لنعود إلى المقطع الكتابي (حزقيال ٢٨)، الذي يصف تمرد لوسيفر: «**قَدِ ارْتَفَعَ قَلْبُكَ لِبَهْجَتِكَ** (أصبحت متكبراً بسبب جمالك) **أَفْسَدْتَ حِكْمَتَكَ لأَجْلِ بَهَائِكَ**». (آية ١٧).

ارتفع قلب لوسيفر متكبراً بسبب جماله وكان هذا هو

سبب طرده من جبل الله. وأعتقد أنه من المهم للغاية أن يدرك كل منا أن أول خطية في العالم لم تكن القتل، ولا الزنى، بل الكبرياء. فالكبرياء هو الذي أنتج التمرد. والغريب أننا قد نصاب بالكبرياء كرد فعل على البركات التي أعطاها الله لنا، فالله هو الذي أعطى لوسيفر سلطانه، وجماله وحكمته - فجميعها كانت هبات من الله. ومع ذلك فقد حولها الاتجاه الخاطئ الذي اتخذه لوسيفر إلى أدوات لتدميره الشخصي.

عندما أعود بالذاكرة للوراء أتذكر أكثر من ستين عاماً من الخدمة المسيحية، أُصدم عندما أدرك أن الرجال والنساء الذين دعاهم الله وأعدهم للخدمة لا يزالون اليوم يرتكبون نفس ذلك الخطأ الفظيع الذي وقع فيه لوسيفر. أذكر نفسي دائماً بقس صيني أمضى أكثر من عشرين عاماً في السجن بسبب إيمانه. وقد قال «رأيت مؤمنين كثيرين بدأوا بداية جيدة، ولكن قليلين هم الذين كانت لهم نهاية جيدة». فكم نميل كخدام لله أن ننسى بسرعة وسهولة أن كل نجاح في خدمتنا يجب أن يحفزنا لأن نتضع استجابة لإحسان الله الذي نناله عن غير استحقاق.

ويحلل إشعياء النبي في (إشعياء١٤: ١٢-١٥) الدافع وراء تمرد لوسيفر. إذ كان طموحه أن يكون مساوياً لله:

«كَيْفَ سَقَطْت مِنَ السَّمَاءِ يَا زُهَرَةُ (لوسيفر) بِنْتَ الصُّبْحِ؟ كَيْفَ قُطِعْتَ إِلَى الأَرْضِ يَا قَاهِرَ الأُمَمِ؟ وَأَنْتَ قُلْتَ فِي قَلْبِكَ: أَصْعَدُ إِلَى السَّمَوَاتِ. أَرْفَعُ كُرْسِيِّي فَوْقَ كَوَاكِبِ اللّهِ، وَأَجْلِسُ عَلَى جَبَلِ الاجْتِمَاعِ فِي أَقَاصِي الشِّمَالِ. أَصْعَدُ فَوْقَ مُرْتَفِعَاتِ السَّحَابِ. أَصِيرُ مِثْلَ الْعَلِيِّ. لَكِنَّكَ انْحَدَرْتَ إِلَى الْهَاوِيَةِ إِلَى أَسَافِلِ الْجُبِّ».

قدم لوسيفر خمسة إعلانات متتالية كما هو مذكور في الكتاب المقدس. فقد قال «**أَصْعَدُ إِلَى السَّمَوَاتِ... أَرْفَعُ كُرْسِيِّي** (عرشي) ... **أَجْلِسُ عَلَى جَبَلِ الاجْتِمَاعِ... أَصْعَدُ فَوْقَ مُرْتَفِعَاتِ السَّحَابِ**». وأخيراً قال في ذروتها «**أَصِيرُ مِثْلَ** أو (مساوياً) **الْعَلِيِّ**» مثل الله نفسه. وقد كان طموح لوسيفر المعزز للذات هو السبب في سقوطه.

نرى في الأسفار المقدسة تناقضاً واضحاً بين لوسيفر ويسوع. فلم يكن لوسيفر على صورة الله؛ لأنه مخلوق. ولم يكن له الحق في أن يكون مساوياً لله. ومع ذلك طالب بالمساواة مع الله، وعندما ارتفع ليصل إليها، انزلق وسقط. وفي المقابل، كان يسوع قدوساً بطبيعته السرمدية وتمتع بالمساواة مع الله. ولم يكن بحاجة للمطالبة بالمساواة ومع ذلك وضع نفسه (اتضع) .

يسوع: مثال الإتضاع

يصف بولس اتضاع يسوع بشكل واضح في (فيلبي ٢) قائلاً:

«الَّذي إِذْ كَانَ فِي صُورَةِ اللّه، لَمْ يَحْسِبْ خُلْسَةً أَنْ يَكُونَ مُعَادِلاً للّه، لَكِنَّهُ أَخْلَى نَفْسَهُ، آخِذاً صُورَةَ عَبْدٍ، صَائِراً فِي شِبْهِ النَّاسِ. وَإِذْ وُجِدَ فِي الْهَيْئَةِ كَإِنْسَانٍ، وَضَعَ نَفْسَهُ وَأَطَاعَ حَتَّى الْمَوْتَ، مَوْتَ الصَّلِيبِ». (الآيات ٦ ـ ٨)

يمكن أن تترجم عبارة «... **لم يحسب خلسة أن يكون معادلاً لله**» إلى «... لم يحسب المساواة مع الله شيئاً يُغتنم».

توضح لنا هذه الآيات سبع خطوات عظيمة تنازلية اتخذها يسوع من مجد السماء إلى موته على الصليب وهي:

- أخلى نفسه بمعنى تنازل عن كل كرامة والمعنى الحرفي «فرغ نفسه كما يقول «**تشارلز وسلي**» في إحدى ترنيماته: المسيح أخلى نفسه من كل شيء ما خلا المحبة».
- أخذ صورة عبد. هو رب المجد ولكنه تنازل ليصبح عبداً.
- صار في شبه الناس. فقد أصبح عضواً في نسل آدم الذي ينقص قليلاً عن الملائكة.

- وُجد في الهيئة (الشكل) كإنسان. فقد كان يشبه الإنسان الطبيعي الذي كان يعيش في أيامه. ولم توجد أي مظاهر خارجية تميزه عن هؤلاء الذين عاش بينهم.

- وضع نفسه. كان إنساناً متضعاً. ولم يكن كاهناً أو حاكماً، بل كان ابن نجار.

- أطاع حتى الموت. ففي النهاية، وصلت به طاعته الكاملة إلى موته الكفاري عن البشرية الخاطئة.

- أطاع حتى مات كأنه أحد الخطاة على الصليب. فقد كان الصليب هو أقصى عقوبة لأسوأ شخص ارتكب أبشع الجرائم المشينة.

كانت تلك هي الخطوات السبع العظيمة التنازلية التي اتخذها يسوع، إلا أن هذه الخطوات السبع العظيمة التنازلية أدت إلى خطوات سبع عظيمة تصاعدية تصفها (الآيات ٩ ـ ١١).

«لِذَلِكَ رَفَّعَهُ اللهُ أَيْضاً، وَأَعْطَاهُ اسْماً فَوْقَ كُلِّ اسْمٍ، لِكَيْ تَجْثُوَ بِاسْمِ يَسُوعَ كُلُّ رُكْبَةٍ مِمَّنْ فِي السَّمَاءِ وَمَنْ عَلَى الأَرْضِ وَمَنْ تَحْتَ الأَرْضِ، وَيَعْتَرِفَ كُلُّ لِسَانٍ أَنَّ يَسُوعَ الْمَسِيحَ هُوَ رَبٌّ، لِمَجْدِ اللهِ الآبِ».

وها هي السبع خطوات التصاعدية لرفعة يسوع:

- رفعه الله.

- أعطاه اسماً فوق كل اسم.

- لكي تجثو باسم يسوع كل ركبة.

- «**ممن في السماء**» أي الأجناد المخلوقة التي تخدم الله في سمائه.

- «**من على الأرض**» أي أن جميع المخلوقات سوف تخضع لسلطان يسوع في النهاية.

- «**من تحت الأرض**» يشير هذا إلى عالم الشيطان في الهاوية. إذ يشمل الموت، والجحيم، والقبر وكذلك الأموات غير المبررين الذين رفضوا رحمة الله.

- «**يعترف كل لسان أن يسوع المسيح هو رب**». فسوف تعلن سيادة يسوع في كل أرجاء العالم.

يسوع هو المثال الكامل والتام الموضوع أمامنا في كل هذا. يشجعنا بولس كأتباع ليسوع أن نكون متضعين فيقول: «لاَ شَيْئاً بِتَحَزُّبٍ (طموح أناني) أَوْ بِعُجْبٍ، (غرور) بَلْ

بتَوَاضُعٍ، حَاسِبِينَ بَعْضُكُمُ الْبَعْضَ أَفْضَلَ مِنْ أَنْفُسِهِمْ. لاَ تَنْظُرُوا كُلُّ وَاحِدٍ إِلَى مَا هُوَ لِنَفْسِهِ، بَلْ كُلُّ وَاحِدٍ إِلَى مَا هُوَ لآخَرِينَ أَيْضاً. فَلْيَكُنْ فِيكُمْ هَذَا الْفِكْرُ الَّذِي فِي الْمَسِيحِ يَسُوعَ أَيْضاً».
(فيلبي ٢: ٣ - ٥).

والدافعان اللذان يؤكد عليهما بولس هما: الطموح المتمركز حول الذات (التحزب) والغرور (العجب). وهناك طريق واحد فقط للارتفاع ألا وهو الاتضاع (وضع النفس). يعلن يسوع هذا المبدأ بوضوح شديد في (لوقا ١٤: ١١) قائلاً: «**لأَنَّ كُلَّ مَنْ يَرْفَعُ نَفْسَهُ يَتَّضِعُ، وَمَنْ يَضَعُ نَفْسَهُ يَرْتَفِعُ**».

هذا المبدأ ثابت على الدوام. بلا استثناءات! فالطريق إلى أعلى هو من خلال الاتجاه لأسفل. وهو السر العظيم! كما يعلن (أمثال١٨: ١٢) «**قَبْلَ الْكَرَامَةِ التَّوَاضُعُ**».

ونحن نرى حقاً رائعاً يظهر للنور عندما نعود مرة أخرى إلى (فيلبي ٢: ٩) : «**لِذَلِكَ رَفَعَهُ (يسوع) اللهُ**».

تقودني كلمة «**لذلك**» إلى اليقين بأن الله لم يرفع يسوع لأنه ابنه الوحيد، بل لأنه أتم الشروط. فقد كان عليه الحصول على رفعته. يمكننا أن نفترض أن يسوع عاد إلى موقع المساواة مع الله، تلقائياً بعد نهاية معاناته على

الصليب. ولكن الحقيقة أنه كان على يسوع أن ينال ذلك الحق من خلال اتضاعه - هذا بحسب فهمي للأمر - ولكن لم يحصل على هذا الحق لنفسه وحسب بل لجميع الذين يتبعونه.

ربما تشعر بأنك مدفوع أن تصلي قائلاً: «يا رب، أحتاج للاتضاع. أرجوك اجعلني متضعاً ومع ذلك تتعجب من رد الله الذي سيقول: لا يمكنني فعل ذلك. فأنت وحدك من يمكنه أن يضع نفسه».

الاتضاع أمر يتعلق بالإرادة لا المشاعر. وهو القرار الذي يجب على كل منا أن يتخذه: «يا رب، أختار أن أتضع أمامك. وأرفض الكبرياء والعجرفة والطموح الشخصي أمامك وأمام إخوتي المؤمنين».

تحدث يسوع عن المدعوين للعرس لكي يعطي مثالاً عملياً عن الاتضاع فقال:

«مَتَى دُعِيتَ مِنْ أَحَدٍ إِلَى عُرْسٍ فَلاَ تَتَّكِئْ فِي الْمُتَّكَإِ الأَوَّلِ، لَعَلَّ أَكْرَمَ مِنْكَ يَكُونُ قَدْ دُعِيَ مِنْهُ، فَيَأْتِيَ الَّذِي دَعَاكَ وَإِيَّاهُ وَيَقُولَ لَكَ: أَعْطِ مَكَاناً لِهذَا، فَحِينَئِذٍ تَبْتَدِئُ بِخَجَلٍ تَأْخُذُ الْمَوْضِعَ الأَخِيرَ. بَلْ مَتَى دُعِيتَ فَاذْهَبْ وَاتَّكِئْ فِي الْمَوْضِعِ الأَخِيرِ، حَتَّى إِذَا

جَاءَ الَّذِي دَعَاكَ يَقُولُ لَكَ: يَا صَدِيقُ، ارْتَفِعْ إِلَى فَوْقُ. حِينَئِذٍ يَكُونُ لَكَ مَجْدٌ أَمَامَ الْمُتَّكِئِينَ مَعَكَ. لأَنَّ كُلَّ مَنْ يَرْفَعُ نَفْسَهُ يَتَّضِعُ، وَمَنْ يَضَعُ نَفْسَهُ يَرْتَفِعُ». (لوقا ١٤: ٨ ـ ١١)

الآن على كل منـا أن يتخـذ قـراراً شـخصياً. فـلا يمكنني اتخــاذ هـذا القـرار نيابـة عنك ولا تسـتطيع اتخـاذ هـذا القرار نيابــة عنـي. وإنمــا دعنـي أخبــرك بأنـني قـد اتخـذت قـراري بالفعـل.

فماذا عنك؟

(٥)

الجنس الآدمي أصلنا

رأى اللـه التمـرد الـذي حـدث وسـط الكائنـات الملائكيـة، وكانـت هـذه الكائنـات تتمتـع بقـدر مدهـش مـن الجمـال والقوة والـذكاء.

فكيـف كان رد فعـل اللـه؟ هـل خلـق أجنـاداً سـماوية أكثـر مهابـة، أي مخلوقـات أعظـم فـي جمالهـا وقوتهـا وذكائهـا. بالتأكيـد كان بإمكانـه فعـل ذلـك إن أراد، ولكنـه فـي الحقيقـة فعـل عكـس ذلـك تمامـاً. فقـد اتجـه لأسفـل وليـس لأعلـى.

خلـق جنسـاً جديـداً مسـتخدماً أكثـر المصـادر اتضاعـاً، ألا وهي الأرض. وكان اسـم الكائـن الـذي خلقـه «آدم». ويُشـتق هـذا الاسـم مباشـرة مـن الكلمـة العبريـة «adamah» التـي تعنـي «الأرض ـ التـراب». فالجنـس الآدمـي هـو الجنـس الأرضـي. ومـع ذلـك يوضـح الإعـلان الـذي تكشـفه لنـا الأسفـار المقدسـة، أن اللـه أَعَـدَّ خطـة تجعـل هـذا المخلـوق أسـمى مـن الملائكـة.

من المهم أن ندرك أن خَلق الله للجنس الآدمي هو جزءٌ من رد فعل الله تجاه تمرد الشيطان. ومن الواضح أن الله قد رتب لهذا الجنس الجديد أن يتمم الخطة التي فشل الشيطان في تحقيقها، بل ويتخطاها إلى ما هو أعظم. وهذا هو السبب الأساسي لمقاومة الشيطان لجنسنا بهذه الدرجة من الكراهية الشرسة. فهو يرى أننا سنأخذ مكانه بالقوة وسننفذ الخطة التي فشل في تحقيقها. فما هي تلك الخطة؟

لكي نفهم الخطة التي سنتناولها بالتفصيل في الفصل التالي، يجب أن نفهم أولاً أصلنا - ونعرف كيف خُلقت البشرية ولماذا.

تكشف الأصحاحات الأولى من سفر التكوين كلا من أصلنا ومصيرنا.

تخبرنا الآية الأولى من سفر التكوين:

«**فِي الْبَدْءِ خَلَقَ اللهُ السَّمَوَاتِ وَالأَرْضَ**» (تكوين ١:١). ثم يصف بعد ذلك خلق الإنسان في (تكوين ١: ٢٦-٢٧) قائلاً: «**وَقَالَ اللهُ نَعْمَلُ الإِنْسَانَ عَلَى صُورَتِنَا كَشَبَهِنَا ... فَخَلَقَ اللهُ الإِنْسَانَ عَلَى صُورَتِهِ. عَلَى صُورَةِ اللهِ خَلَقَهُ. ذَكَراً وَأُنْثَى خَلَقَهُمْ**». يجب أن نضع خلق الإنسان مقابل خلفية تاريخية تمتد عبر فترة زمنية شاسعة.

عند انقضاء الدهور

يعمل الله وفقاً لمنظومة قد أعدها بنفسه ورتبها ترتيباً زمنياً. ومن المهم أن نكتشف أين نحن ضمن هذا الوقت في الجدول الزمني من ترتيب الأحداث. فيما يتعلق بمجيء المسيح إلى الأرض، نجد في (عبرانيين٩: ٢٦) «... **وَلَكِنَّهُ الآنَ قَدْ أُظْهِرَ مَرَّةً عِنْدَ انْقِضَاءِ الدُّهُورِ لِيُبْطِلَ الْخَطِيَّةَ بِذَبِيحَةِ نَفْسِهِ**». يشير هذا إلى أن مجيء يسوع إلى الأرض هو ذروة البرنامج الذي اتبعه الله على مدار فترة طويلة يصفها بـ «**الدهور**». يقول بولس في (١كورنثوس١٠: ١١) إن جميع هذه الأمور «**كُتِبَتْ لإِنْذَارِنَا نَحْنُ الَّذِينَ انْتَهَتْ إِلَيْنَا أَوَاخِرُ الدُّهُورِ**» وتدرك كنيسة العهد الجديد على نحو واضح أن الله قصد لها أن تكون ذروة المقاصد الإلهية التي بدأها في الدهور السالفة.

تشير الأسفار المقدسة إلى أن مجيء يسوع وتأسيس الكنيسة هما الحدثان اللذان تختتم بهما تلك الفترة التي يطلق عليها «**الدهور**». فكيف سنفسر تلك العبارة «**الدهور**»؟ يتحدث كاتب المزامير إلى الله في (مزمور٩٠: ٤) ويقول: «**لأَنَّ أَلْفَ سَنَةٍ فِي عَيْنَيْكَ مِثْلُ يَوْمِ أَمْسِ بَعْدَ مَا عَبَرَ، وَكَهَزِيعٍ مِنَ اللَّيْلِ**» . تنقسم فترة الإثنتي عشرة ساعة في ثقافة الكتاب

المقدس إلى ثلاثة «أهازيع» جمع «هزيع» يتكون كل منها من أربع ساعات، بمعنى آخر فإن الأربع ساعات توازي ألف عام. وقد يتساوى اليوم المكون من ٢٤ ساعة مع ستة آلاف عام.

إذاً نرى أن الأحداث التي يصفها (تكوين١ : ٢) وما يتلوها هو ذروة النشاط الإلهي الذي يرجع لفترة من الزمن أطول بكثير مما تمتلك أذهاننا المحدودة من قدرات على الإدراك.

لنتذكر هذا الأمر عندما نعود مرة أخرى إلى الآيات الأولى في سفر التكوين. كما رأينا تصف الآية الأولى الحدث المبدئي للخلق، ويصف الجزء الأول من الآية الثانية حالة الأرض فيما بعد. «**وَكَانَتِ الْأَرْضُ خَرِبَةً وَخَالِيَّةً وَعَلَى وَجْهِ الْغَمْرِ ظُلْمَةٌ**».

شرحت في الفصل الثالث من هذا الكتاب لماذا أعتقد أن ذلك الوصف للأرض بأنها «خالية» لم يكن هو الحالة التي خلقت عليها أولاً، بل بالحري نتيجة قضاء هائل من الله جاء على الأرض في فترة ما قبل الجنس الآدمي، وربما يكون نتيجة لتمرد الشيطان. وكان هذا قضاءً على شر جنسٍ أو أجناسٍ قبل آدم سكنوا الأرض وقادهم الشيطان إلى التمرد ودفعهم إلى صور متعددة من الشر.

قد يبدو أن أداة القضاء الأساسية في هذه الحالة كانت هي الماء. فقد أصبحت الأرض مقفرة، ومشوهة وخربة تغطيها المياه، وكانت الظلمة على وجه المياه. ثم يقول الجزء الثاني من الآية ٢: «**رُوحُ اللهِ يَرِفُّ** [يرفرف، غالبا مثل الطائر] **عَلَى وَجْهِ الْمِيَاهِ**».

تركز هذه الآية على أمرين هما الظلمة والماء، أما الموضوع الأساسي المطروح في الآية (تكوين ١: ٣) «**لِيَكُن نُورٌ**» حتى نصل إلى (تكوين ٢: ٧) «**وَجَبَلَ الرَّب الإِلَه آدَم**» فهو الاسترداد، وليس الخلق الأصلي في المقام الأول. لأننا نلاحظ في معظم الآيات أن المادة موجودة بالفعل. ولكن كان لابد من إصلاحها وإعادة تشكيلها. أنا أؤمن بالطبع أن هناك أعمال خلق قد تمت ولكنه لم يكن خلقاً من عدم.

يجب أن نطبق عملية الخلق هذه علينا كمؤمنين بعيداً عن عملية إعادة الخلق التي ملأت الأرض بالمخلوقات البحرية و الكائنات الحية الأخرى فيقول بولس في (٢كورنثوس ٥: ١٧) :

«**إِذاً إِنْ كَانَ أَحَدٌ فِي الْمَسِيحِ فَهُوَ خَلِيقَةٌ جَدِيدَةٌ. الأَشْيَاءُ الْعَتِيقَةُ قَدْ مَضَتْ. هُوَذَا الْكُلُّ قَدْ صَارَ جَدِيداً**».

لا شـك أن هـذا الخلـق الجديـد فـي المسـيح هـو عمـل
اسـترداد. فعندمـا آتـي كخاطـئ إلـى المسـيح، فهـو لا يمحـو
شـخصيتي بجملتهـا، والله لا يأتـي للوجـود بشـيء جديـد تمامـاً،
وإنمـا يسـتخدم العديـد مـن الطـرق ليسـتردني ويجددنـي، وفـي
النهايـة تُثمـر فـيّ شـيئاً جديـداً كليـة. ومـن ثـم فعمليـة الإحيـاء
التـي يصفهـا (تكويـن ١، ٢) يمكـن تطبيقهـا علـى الخليقـة
الجديـدة فـي المسـيح لأنهـا وثيقـة الصلـة بهـا. ولهـذا يذكرهـا
الكتـاب المقـدس بالتفصيـل.

وهنـاك عـدة جوانـب للخلـق فـي (تكويـن ١: ٢) يمكـن تطبيقهـا
علـى عمليـة اسـترداد الخاطـىء عندمـا يأتـي إلـى المسـيح. فقـد
كان «العـالم» أو «الأرض» كمـا يصفهـا (تكويـن ١: ٢) فـي حالـة
مـن الفوضـى. وكذلـك عندمـا تأتـي أنـت أو أنـا كخطـاة إلـى يسـوع
المسـيح، فقـد نعـرف أو لا نعـرف ذلـك، ولكنـنا أيضـاً نكـون فـي
فوضـى. ولا نكـون فـي فوضـى فحسـب، بـل مثلمـا كانـت الأرض فـي
(تكويـن ١: ٢) نكـون أيضـا فـي ظلمـة. وفيما نحـن فـي هـذه الظلمـة
لا يمكـننا رؤيـة الأمـور كمـا هـي عليـه. فتلـك كانـت حالـة الأرض
وهـي أيضـاً حالـة كل خاطـئ.

هنـاك عامـلان عظيمـان فـي اسـترداد الخليقـة الجديـدة. ففـي
(تكويـن ١: ٢) كان روح اللـه «يَـرِفُ». وفـي (تكويـن ١: ٣) تكلـم

اللـه وانطلقـت كلمتـه فـي التنفيـذ. ولـم يتحقـق الخلـق وإعـادة الخلـق إلا بإتحـاد كلمـة اللـه وروحـه. فمـاذا يحـدث عندمـا يتـوب الخاطـئ؟ يتحـرك روح اللـه فـي قلـب الخاطـئ ويسـتقبل الخاطـئ إعـلان كلمـة اللـه. وتبـدأ عمليـة إعـادة الخلـق أو الاسـترداد فـي المسـيح بالـروح والكلمـة وحدهمـا.

النـور هـو الثمـرة الأولـى لاتحـاد الـروح والكلمـة فـي العمـل معـاً، وبعـد ذلـك، يعمـل اللـه فـي النـور. وأول شـيء يحـدث عندمـا يأتـي خاطـئ للمسـيح هـو أنـه يـرى نفسـه والأمـور مـن حولـه كمـا هـي فعـلاً. ويواصـل اللـه العمـل فـي حياتـه فـي النـور منـذ تلـك المرحلـة فصاعـداً.

يتبـع ذلـك عمليـة مـن الفصـل، والتنقيـة والتمييـز، والإثمـار. ويتعامـل اللـه مـع جوانـب مختلفـة بالتتابـع. فأحيانـاً نصـل لمرحلـة نفكـر عندهـا قائليـن: «والآن، قـد انتهيـت بالفعـل. وقـد تعامـل اللـه مـع كل الأمـور السـلبية». فـي الحقيقـة عندمـا نصـل لتلـك المرحلـة يكشـف روح اللـه منطقـة مظلمـة جديـدة مـن حياتنـا ويأتـي بهـا للنـور، ويتقـدم بنعمـة اللـه ليتعامـل مـع تلـك المنطقـة.

تلـك هـي الطريقـة التـي عمـل بهـا اللـه فـي عمليـة الاسـترداد التـي يصفهـا (تكويـن ١). إذ عمـل علـى عـدة مراحـل: أولاً: المـاء،

ثـم الأرض، ثـم النباتـات، والأسـماك، والطيـور، ثم البهائـم وهكذا. وأخيـراً، نصـل إلـى ذروة عمليـة الخلـق وهـي: خلق الإنسـان.

أولا، دعنـي أقـول إن عمليـة خلـق الإنسـان تعطينـا تلـك الرؤيـة المبهـرة عـن اللـه ألا وهـي: أن هنـاك تعدديـة (إلـه واحـد مثلـث الأقانيـم) فـي الله: «**وَقَـالَ اللّه نَعْمَـلُ الْإِنْسَـان عَلَـى صُورَتِنَـا كَشَبَهِنَـا**» (تكويـن١: ٢٦).

أشـرت بالفعـل إلـى أن الكلمـة المسـتخدمة للـه التـي هـي «Elohim» هـي فـي صيغـة الجمـع. ويتماشـى هـذا مـع اللغـة التي يسـتخدمها اللـه هنـا عـن نفسـه: «**نَعْمَـلُ الْإِنْسَـان عَلَـى صُورَتِنَـا**». ويقـول البعـض أن هذه ما هي إلا الصيغة الملكية التي يسـتخدمها الملـك عندمـا يتحـدث عـن نفسـه فـي صيغـة الجمـع، ولكـن مـا يحسـم هـذا الخـلاف هـو مـا قالـه اللـه عندمـا تحـدث عـن سـقوط الإنسـان: «**وَقَـالَ الـرَّبُ الإلَـه هُـوذَا الإنْسَـان قَـدْ صَـارَ كَوَاحِـدٍ مِنَّـا عَـارِفًـا الْخَيـرِوَالْشَّـر**» (تكوين٣: ٢٢).

فالله الثالوث، ولكنه أيضاً واحد. والكلمة العبرية التي تعني واحد والمستخدمة هنا وتنطبق على الله هي «echad». وهي تدل على الوحدة بين العناصر المكونة لشئ ما. وتستخدم نفس الكلمة «echad» مرة أخرى في (تكوين ٢: ٢٤) : «**لِذَلِكَ يَتْرُكُ الرَّجُلُ أَبَاهُ وَأُمَّهُ وَيَلْتَصِقُ بِامْرَأَتِهِ وَيَكُونَانِ جَسَداً وَاحِداً echad**».

والكلمة المستخدمة هنا هي «echad» وليست «yachid» التي تُستخدم لوصف الاتحاد المطلق الغير قابل للانقسام ولكن الكلمة العبرية المستخدمة في الآية هي «echad» و التي تنطبق على الزواج. وهي تصف وحدة تحدث نتيجة اتحاد شخصين مختلفين . ولكن لم يستخدم الإعلان الكتابي صيغة المثنى في الحديث عن الله مطلقاً، ولكن ثلاث أقانيم يتحدون وهو ليس اتحاداً مطلقاً، ولكنه اتحاد يشتمل على التعددية أيضاً.

يعارض البعض مفهوم الله المثلث الأقانيم، ولكنني أراه معلناً بوضوح في الأسفار المقدسة. أؤمن بالله الآب، وأؤمن بالله الابن وأؤمن بالله الروح القدس. والأهم من ذلك، أني لست أؤمن بهم فحسب، بل أعرف كلاً منهم من خلال العلاقة الشخصية المباشرة. أعلم معنى الدخول في علاقة مع الآب، وأعلم معنى الدخول في علاقة مع الابن، وأعلم معنى الدخول في علاقة مع الروح القدس.

الذروة: على صورته

يصف (تكوين ١: ٢٧) ذروة العملية التي خلق بها الله الإنسان. «**فَخَلَقَ اللهُ الإِنْسَانَ عَلَى صُورَتِهِ**». ولم يسترح الله في عملية الخلق التي قام بها حتى أحضر للوجود من

يشبهه. وكذلك لن يستريح الله في الخليقة الجديدة التي في المسيح، حتى يجعلنا شبهه. فذلك هو هدفه النهائي.

يعطي (تكوين ٢ : ٧) لله لقباً جديداً: «**الْرَّب الإِلَه**». وفي الواقع تقول عنه اللغة العبرية «**يهوه اللّٰه**» أو «**جاهوفَاه اللّٰه**». وكما ذكرت من قبل، يفضل أغلب الدارسين المعاصرين استخدام «**يهوه**» بدلاً من «**جاهوفَاه**». ولكن أياً كانت الصيغة المستخدمة فالحقيقة الأكثر أهمية هي أنه اسم علم يشير إلى شخص.

ليس لدينا في (تكوين ١) إلا اسم «**اللّٰه**». ولكننا نجد أنه في (تكوين ٢) يُضاف إليه الاسم المقدس «يهوه». وهو أمر ذو مغزى لأن (تكوين ١) يصف الخلق العام، بينما التركيز في (تكوين ٢) هو على خلق آدم كشخص. ويؤكد إدخال الاسم الشخصي لله «يهوه» أن الله كشخص خلق آدم كشخص. ويؤسس هذا علاقة شخصية فريدة بين الله الخالق وآدم المخلوق.

توجد في آدم سمات أكثر تفرداً ومن الواضح أنها قد ميزته عن أي خليقة أخرى لله. وأكثرها تميزاً هي الطريقة التي خُلِقَ بها. «**وَجَبَلَ الْرَّب الإِلَهُ «يَهْوَه» آدم تُرَاباً مِنَ الأَرْضِ**» (تكوين ٢: ٧).

تستخدم كلمة «**جبل**» (شكّل) عادة للخزاف الذي يشكل الوعاء الخزفي. وترسم تلك القصة صورة وعاءٍ من الخزف يُشكله الفخاري بمهارة ليصل بها أن تكون القطعة الأكثر مثالية التي لم ترها الأرض من قبل. ومع ذلك فقد كانت مجرد شكل عديم الحياة من الخزف حتى منحه الله نفسه: ... (يهوه الاله) نفخ في أنفه نسمة حياة. فصار آدم نفسا حية. (تكوين ٢ : ٧).

في العبرية الأصلية نجد أن (تكوين ٢ : ٧) مفعمة بالحياة والإثارة. ففي اللغة العبرية كثيراً ما يصور صوت الكلمة ما تصفه الكلمة. فعلى سبيل المثال، الكلمة العبرية التي تعني زجاجة هي باك باك (bak - buk) وهي تُنتج صوت قرقرة الماء عندما تنسكب من الزجاجة.

وهكذا أيضاً عندما تقول تلك الفقرة من الأسفار المقدسة: «**نفخ في انفه**» فالكلمة العبرية التي تعني نفخ هي (يباش yipach). وفي علم الصوتيات، عندما يأتي الصوت «ب» في وسط الكلمة فإنه يسمى «انفجارياً» ويحدث نتيجة انفجار مصغر أي نفس حاد متزايد.

من ناحية أخرى يتكون الصوت العبري البلعومي (شت chet) وهو «ch» في نهاية «يباش yipach» من نفس متزايد

يندفع من الحلق. وتشير العبارة الكاملة «يبباشت **yipachet**» إلى أن هناك اندفاع حاد من النفس الخارج يتبعه هواء مستمر في التدفق. فهو لم يكن تنهداً لطيفاً بل كانت نفخة مندفعة تحمل قوة إلهية في أنف ذلك الخزف وفمه. وقد أنتجت شخصاً حياً - كائناً بشرياً - نفساً حية.

فكر في المعجزة التي يصورها الكتاب المقدس هنا-حتى من الناحية المادية! وفكر في تلك الحقيقة المدهشة بأن كتلة الطين الصغيرة تحولت إلى أعين، وأن جميع الأعضاء الداخلية قد دَبَّت فيها الحياة، وبدأ القلب ينبض، والدم يتدفق. دعني ألفت انتباهك إلى أن هذا هو الأساس المنطقي لطلب الشفاء من الله، فهذا هو السبب! فعندما يحتاج حذاؤك للإصلاح فأنت لا تأخذه إلى من يصلح الساعات. بل تأخذه إلى من يصلح الأحذية. وعندما يحتاج جسدك إلى شفاء فالمكان المنطقي الذي يجب أن تأخذه إليه هو من خلقه وهو صانع الأجسام الحية. وهذا أحد الأسس الراسخة لخدمة الشفاء بالصلاة.

اكتشفت من خلال اختباراتي الشخصية أن الله لا يزال يخلق

فقد رأيت الله يصنع معجزات منظورة ومبهرة. وإحدى

المعجزات غير المعتادة التي شهدتها كانت خلق الله لظفر أحد أصبعي السبابة لرجل لم يكن له أبداً ذلك الظفر. وقد حدث ذلك في أقل من ثانية لأحد القسوس الكاثوليك! كما رأيت عشرات السيقان المعاقة تنمو أمام عينيّ حتى تصل إلى حجمها الطبيعي. وكانت تلك أمثلة على قوة الله الخلاقة وهي تعمل، وهو لم يتوقف بعد عن كونه خالقاً.

عندما قابل يسوع المولود أعمى في (يوحنا ٩: ١-٧)، شفاه بطريقة لافتة للنظر. فقد بصق على الأرض، وصنع طيناً من ذلك البصاق ثم دهن أعين الأعمى بذلك الطين. وقد أرسله بعد ذلك في طريقه قائلاً «**اذْهَبْ اغْتَسِلْ فِي بِرْكَةِ سِلْوَامَ**».

كان بإمكان يسوع أن يشفي ذلك الرجل من خلال طرقٍ أخرى عديدة، ولكنه اختار أن يفعل ذلك بتلك الطريقة. فلماذا؟ حسناً، فقد ولد الرجل أعمى. ولم يسبق لعينيه أن رأتا من قبل. وأتخيل أنهما ربما تكونان قد ذبلت وحدث لهما ضمور فلم يكن العمل مجرد شفاء من أحد الأمراض؛ بل خلق. كان يسوع بهذا العمل يترك رسالة لجيله قائلاً: «**مازلت ذاك الذي صنع الطين في الجنة ونفخ فيه. وعندما أشكل الطين وأنفخ فيه يحدث الخلق**».

فعندما انحنى الله في الجنة ووضع أنفه في مقابل أنف تلك الكتلة من الطين. وشفتيه في مقابل شفتي الطين، ونفخ بقوة، أصبح الإنسان نفسا حية.

نسمة الحياة

تكشف الأصحاحات الأولى من سفر التكوين «الحياة» على مستويين مختلفين وهما: الروح والنفس. وتوضح الكلمة العبرية المستخدمة، كل منهما بطريقة مفعمة بالحيوية. فالكلمة العبرية التي تعني «روح» هي «رواش» «ruach» وهي التي يصور فيها الحرف الأخير «شيت» «chet» تدفقاً مستمراً لا يعتمد على أي مصدر خارجي. ومن ناحية أخرى فالكلمة العبرية التي تعني نفس هي «نفش nefesh». وهي تصور الحياة التي يجب أن تستقبل قبل أن يمكنها العطاء. وتبدأ «نفش nefesh» باستنشاق للنفس يتبعه زفير.

أشرت في الفصل الثالث إلى أن الأصحاحات الافتتاحية لسفر التكوين، تشمل كلمات معينة في صيغة الجمع. وينطبق ذلك على كلمة «حياة chaim». فكما نعلم، هناك شكلان للحياة وهما: حياة الروح وحياة النفس. نفخ الله في أنف آدم نسمة الحياة في صيغة الجمع «chaim» ـ أي الحياة بجميع أشكالها.

كانت الطريقة التي خلق بها الله الإنسان فريدة. ولا أقصد تشكيل جسده من الطين، بل عن حقيقة أن الله نفخ الحياة مباشرة فيه. وهكذا تقابل الله والإنسان مباشرة وجهاً لوجه.

أعتقد أن هذا يدل على أن الإنسان، هو الوحيد من بين كل المخلوقات في العالم الذي لديه قدرة الفريدة على الاقتراب المباشر لمحضر الله و للشركة المستمرة مع الله. ويعني هذا أن في الإنسان شيئاً ما يتجاوب مع الله. وهو ما يعبر عنه بكلمة واحدة وهي: الشركة والغرض الأسمى للإنجيل هو إعادة الإنسان لشركته مع الله.

يظهر هذا تطابقاً فريداً بين الأصحاحات الأولى والأخيرة من الكتاب المقدس، فترسم الأصحاحات الأولى من سفر التكوين أي (تكوين ١، ٢) ذروة العلاقة وهي نفسها التي ترسمها الصورة المذكورة في سفر (رؤيا ٢٢: ٣-٤) عن شعب الله المفدي: «**وَعَبِيدَهُ يَخْدِمُونَهُ. وَهُمْ سَيَنْظُرُونَ وَجْهَهُ وَاسْمَهُ عَلَى جِبَاهِهِمْ**» وهي آخر وصف يقدمه الكتاب المقدس.

عند هذه المرحلة رجع الإنسان مرة أخرى إلى الشركة المباشرة وجهاً لوجه مع الله القدير وهي الشركة التي خلقه الله لأجلها وتتحقق مقاصد الله - التي أحبطها الشيطان مؤقتاً

ـتحققاً تاماً وكاملاً بيسوع وعمله الفدائي. وهذا يجعل علاقة الإنسان مع الله فريدة. فللإنسان قدرة عميقة على الشركة مع الله، ولا تتساوى معه حتى الملائكة. وفي الأبدية، سيصبح المفديون في المسيح أقرب لله من الملائكة.

من الأمور التي تدهشني جداً في الأسفار المقدسة كم يشغل الله نفسه بالإنسان. ولا يمكنني إلا أن أقول مع كاتب المزامير: «فَمَنْ هُوَ الإِنْسَانُ حَتَّى تَذْكُرَهُ، وَابْنُ آدَمَ حَتَّى تَفْتَقِدَهُ!» (مزمور ٨: ٤).

بمعنى آخر «لماذا تقضي يا الله كل ذلك الوقت منشغلاً بنا نحن البشر؟» ولكنني فهمت من الأسفار المقدسة أننا مركز اهتمام الله. فنحن «حدقة» عينه. ويقول بولس في (١كورنثوس٣: ٢١) «فَإِنَّ كُلَّ شَيْءٍ لَكُمْ». فكل ما في السماء وعلى الأرض هو لنا. وكل الأشياء تحت تصرفنا.

وأنا شخصياً أكثر ما يحزنني هو سماع مؤمنين يتكلمون ويتصرفون كما لو كانوا بلا أهمية. وقد يبدو هذا الكلام اتضاعاً، ولكنه فعلياً عدم إيمان. فنحن أكثر البشر أهمية في العالم. وهذا ليس بسبب طبيعتنا بل لأجل عمل المسيح الفدائي نيابة عنا. فقد خلقنا الله للدخول في علاقة خاصة معه.

صورة الله وشبه الله

يكشــف (تكويــن١: ٢٦) أن هنــاك جانبيــن مختلفيــن
للتشـابه بيـن اللـه والإنسـان؛ فـأولاً: خُلـق الإنسـان على صـورة
«tselem» اللـه. وثانيـاً: خُـلــق كشـبه«dmut» اللـه.

تصـف كلمـة صـورة «tselem» الشـكل الخارجـي. فهـي
الكلمـة العبريـة العاديـة لكلمـة ظـل، وقـد تُرجمـت عـدة مـرات
فـي العهـد القديـم إلى «ظـل» أو «خيـال». وهي تتكـرر على
نحـو ممتـع في الكلمـة العبريـة الحديثـة التي تعطي معنى «أن
تؤخـذ لـك صـورة فوتوغرافيـة». وقـد استخدمت اللغـة العبريـة
هـذه الكلمـة لأكثـر مـن ٣٥٠٠ عامـاً لتشـير إلـى الشـكل
الخارجـي المنظـور.

يشـبه الإنسـان اللـه مـن الداخـل و مـن الخـارج أيضـا . فهـو
يشـبهه فـي المنظـور الخارجـي. يعتقـد البعـض أن اللـه ضبـاب
غامـض مبهـم. ولا يمكنهـم تخيلـه بـأي شـكل خارجـي محـدد.
إلا أن الكتـاب المقـدس يكشـف لنـا أن اللـه لديـة يـد يمنى، ويـد
يسـرى، ولديـه آذان وأعيـن، ولديـه أقـدام، وهـو يجلـس، ويمشـي،
ويقـف، ولديـه جبهـة، ولديـه ظهـر. وهـو مثلي ومثلـك تمامـاً فـي
جميـع هـذه الجوانـب. بـل على عكـس ذلـك، فليسـت الحقيقـة
الواقعـة أن اللـه يشـبهك ويشـبهني، بـل نحـن الذيـن نشـبه اللـه.

وفي الجنس البشري، يمثل الذكر لا الأنثى الشكل الخارجي لله بدقة. ويشرح بولس هذا في (١كورنثوس ١١: ٧) قائلاً: «**فَإِنَّ الرَّجُلَ لاَ يَنْبَغِي أَنْ يُغَطِّيَ رَأْسَهُ لِكَوْنِهِ صُورَةَ اللهِ وَمَجْدَهُ. وَأَمَّا الْمَرْأَةُ فَهِيَ مَجْدُ الرَّجُلِ**». ومن المهم أن نؤكد أن بولس يتحدث هنا عن الشكل الخارجي الجسدي، لا عن الطبيعة الداخلية الروحية.

يتبادر كل هذا إلى أذهاننا في قصة التجسد. فقد تجسد الله في شخص يسوع المسيح. واتخذ الله مسكنه في الإنسان واستعلن في جسد. وكان من المناسب أن الجسد يكون جسد ذكر من الجنس البشري.

وبمعنى آخر لقد خَصَّ الله الرجل بشيءٍ ما حتى يمكن أن يعلن نفسه من خلاله. وحتى الملائكة ليست لها تلك المهمة الفريدة أن يظهروا ذلك الشبة المنظور لله. فقد احتفظ الله بتلك الميزة للإنسان. وفي هذا سبب آخر لكراهية إبليس للإنسان، ولعمله كل ما يمكنه لكي يفسد صورة الله في الإنسان.

عرفت يوماً فتاة كانت مخطوبة لشاب وكانت تحمل صورته في حافظتها. وفي أحد الأيام تسلمت خطاباً من خطيبها يخبرها فيه أنه تقابل مع فتاة أخرى ينوي الزواج

بهـا. وعندمـا عرفـت الفتـاة تلـك الأخبـار أخرجـت صورتـه ومزقتهـا وداسـتها بأقدامهـا. فلـم يمكنهـا أن تمسـه بـأذى، ولكنهـا مسـت صورتـه.

وهـذا بالضبـط هـو مـا يفعلـه إبليـس. فـلا يمكنـه أن يلمـس اللـه، إذاً فمـاذا يفعـل؟ يأخـذ صـورة اللـه ـ الـذي هـو الإنسـان ـ ويمزقهـا ويدوسـها بأقدامـه. ففـي كـل مـرة يسـير سـكير وهـو يترنـح فـي الطريـق ويتعثـر فـي الحمـأة والقـيء، فهـذا هـو إبليـس يـدوس صـورة اللـه. كأنـه يقـول هـوذا أنـت يـا اللـه. فهـل تـرى صورتـك ومـا أصبحـت عليـه الآن؟ هـذه هـي مشـاعري تجاهـك. إذ لا يمكننـي أن ألمسـك، وإنمـا يمكننـي بالتأكيـد أن أفسـد صورتـك.

وقـد كانـت هنـاك فتـرة قصيـرة اسـتطاع فيهـا الشـيطان أن يلمـس اللـه. وكان ذلك عندمـا جـاء يسـوع فـي الشـكل البشـري وأخضـع نفسـه لحكـم بيلاطـس. ثـم اسـتطاع الشـيطان أن يفعـل مـا يريـد وذلـك فـي شـخص يسـوع. وكانـت النتيجـة هـي الصلـب. أمـا فيمـا عـدا ذلـك كان الشـيطان محـدوداً وكانـت أفعالـه السـيئة تقتصـر علـى البشـر الذيـن جُبِلـوا ليظهـروا صـورة اللـه.

والآن لنفحـص كلمـة «dmut» وهـي الكلمـة العبريـة الأخـرى المسـتخدمة فـي (تكويـن ١: ٢٦) لوصـف شـبه الإنسـان

لله. فكلمة «dmut» أكثر عموماً من كلمة «tselem». وهي لا تشير أساساً إلى الشكل الخارجي بل تشير للإنسان كشخص متكامل .

أشرت بالفعل إلى أن هناك وحدة ثلاثية في الله. وهناك وحدة ثلاثية في الإنسان. والعناصر الثلاث لوجوده هي الروح، والنفس، والجسد. يصلي بولس لأجل المؤمنين من أهل تسالونيكي (١تسالونيكي٥: ٢٣) قائلاً: «وَإِلَهُ السَّلاَمِ نَفْسُهُ يُقَدِّسُكُمْ بِالتَّمَامِ. وَلْتُحْفَظْ رُوحُكُمْ وَنَفْسُكُمْ وَجَسَدُكُمْ كَامِلَةً بِلاَ لَوْمٍ عِنْدَ مَجِيءِ رَبِّنَا يَسُوعَ الْمَسِيحِ». ويتضمن التقديس التام جميع العناصر الثلاثة: الروح، والنفس، والجسد.

نفخ الخالق الروح في الإنسان عند الخلق. وشكل جسده من طين الأرض. وقد شكل جسده من طين أي من أسفل.

فالنفس هي اتحاد الروح من فوق والطين من أسفل. والنفس هي الذات الشخصية داخل كل فردٍ فينا. ويمكن للنفس أن تقول «أنا سوف أفعل» أو «لن أفعل» فهذا هو عنصر اتخاذ القرار في شخصياتنا. فتعمل النفس عمل «الدفة» التي ندير بها طريقنا في الحياة. ويعلن لنا (يعقوب٣: ١ـ٥) أن «الْدَفَّة» هي اللسان.

يأتي الخلاص للنفس التي تتخذ القرار الصحيح استجابة للإنجيل وتتبعه بأسلوب حياة مناسب.

ينتج عن إتحاد الله الخالق مع جسد لحمي «الإنسان الجديد». وهذا الإنسان الجديد كائن أخلاقي. على عكس الحيوان، إذ يعرف الفرق بين الصواب والخطأ، وبين الخير والشر. فيمكنك أن تمرن كلباً على فعل أشياء معينة وعدم فعل أشياء أخرى. فإذا فعل الكلب أحد الأشياء التي مرنته على عدم فعلها واكتشفت ذلك، فسوف يضع ذيله بين ساقيه ويبدو عليه الشعور بالذنب. إلا أن ذلك ليس دليلاً علي أنه يميز بين الصواب والخطأ. فهذه مجرد حالة لتحدد بها سلوكه في مواقف محددة. أما الإنسان فقد خلقه الله وفي داخله ضميرٌ يخبره بأن أموراً معينة صواب وأموراً أخرى خطأ.

يتبنى البعض اليوم «مبادئ أخلاقية» جديدة ولكنها في الواقع قديمة قدم جنة عدن. إذ يسعى الشيطان في كل جيل إلى تشويش عملية التميز بين الصواب والخطأ وبين الخير والشر. وتبقى الحقيقة أن الإنسان لديه حس أخلاقي. ولا يمكنه تجاهله. فيمكنه أن يجعل من نفسه سكيراً كما يمكنه أن يُغيب وعيه بالمخدرات. لكن مهما فعل لن يمكنه الهروب من حقيقة أنه يعرف أن هناك صواب وخطأ.

مـن السـمات المميـزة للإنسـان هـي أن لـه قـدرة محـدودة على الإبداع، وهي تلك التي أعطاها له الله. ويظهـر مـن خلال عدة أساليب. فيمكـن للإنسـان أن يخطط ويُجَمـع وينفـذ. فإن أراد، على سبيل المثـال، أن يعبـر البحـر، يمكنه أن يصمم سـفينة ويصنعهـا. ويعـرف مـا هـي المـواد التـي يحتاجهـا؛ ويمكنـه أن يـرى كيـف يجمعهـا معـا ويجعلها تتـلاءم معاً فالإنسـان يمكنـه أن يتخيـل شـيئاً وينفـذه.

يملـك الإنسـان قـدرة إبداعيـة معينـة، ليسـت لـدى الحيوانـات الأدنـى. فبإمـكان الأرنـب أن يبنـي جحـره، كمـا يمكـن للطائـر أن يبنـي عشـه، ولكنهمـا لا يغيرانهمـا البتـة. فهمـا لا يتطـوران، وليـس هنـاك أي تقدم في حياتهمـا. فالقـدرة على التغييـر والتطـور قاصـرة علـى الإنسـان.

تنطبـق بعـض السـمات الشـخصية للـه مـع بعـض السـمات الشـخصية للإنسـان في دوائرهـا الثـلاث: الروحيـة، والأخلاقيـة، والذهنيـة بطريقـة فريـدة و مميـزة جـداً.

(٦)
النسل الآدمي مصيرنا

لننتقل الآن إلى ما بعد أصلنا، ما هو مصيرنا؟ نبدأ بالغرض الذي خلق الله الإنسان لأجله.

ببساطة خلق الله الإنسان ليكون حاكماً، «ليتسلط» ويحكم ويقول الجزء الثاني من (تكوين ١: ٢٦) «**فَيَتَسَلَّطُونَ عَلَى سَمَكِ الْبَحْرِ وَعَلَي طَيْرِ السَّمَاءِ وَعَلَى الْبَهَائِمِ وَعَلَى كُلِّ الأَرْضِ وَعَلَى جَمِيعِ الدَّبَّابَاتِ الَّتِي تَدُبُّ عَلَى الأَرْضِ**».

لاحظ أن الله لم يقل هذه الكلمات لآدم فقط بصفة فردية، بل وجهها للجنس القادم من نسله: «**فيتسلطون ...**».

خلق الله الجنس الآدمي ليحكم الكرة الأرضية بجملتها أي البحار، والأرض، والهواء وجميع المخلوقات التي تسكنها. وكان آدم الممثل المنظور لله ليمارس السلطة المُعطاة له من الله على كل الأرض. وعندما رأته المخلوقات الأخرى التي كانت على الأرض، أدركت أنه يشبه الخالق لأنه مارس السلطة التي منحها له الخالق.

يظهر هذا بوضوح في (مزمور٨: ٤-٨) «**فَمَنْ هُوَ الإِنْسَانُ حَتَّى تَذْكُرَهُ، وَابْنُ آدَمَ حَتَّى تَفْتَقِدَهُ! وَتَنْقُصَهُ قَلِيلاً عَنِ الْمَلاَئِكَةِ، وَبِمَجْدٍ وَبَهَاءٍ تُكَلِّلُهُ. تُسَلِّطُهُ عَلَى أَعْمَالِ يَدَيْكَ. جَعَلْتَ كُلَّ شَيْءٍ تَحْتَ قَدَمَيْهِ. الْغَنَمَ وَالْبَقَرَ جَمِيعاً، وَبَهَائِمَ الْبَرِّ أَيْضاً، وَطُيُورَ السَّمَاءِ، وَسَمَكَ الْبَحْرِ السَّالِكَ فِي سُبُلِ الْمِيَاهِ**».

اقتبست (الرسالة إلى العبرانيين ٢: ٦-٨) هذه الكلمات وطبقتها على يسوع، باعتباره رأس الجنس الآدمي. فقد وضِع الله الجميع تحت تسلط الجنس الآدمي. ووجد الجنس الآدمي في يسوع تحقيق الغرض منه. فقبل ذلك كان الغرض معروفاً ولكنه لم يتمم. وهناك شيء ما في الإنسان الساقط لا يزال يعرف أن الله خلقه لكي يملك إلا أن قدرته على السيادة ضعفت بسبب تأثير الخطية فيه.

لن نندهش عندما نعلم أن الإنسان قد استكشف الكرة الأرضية بجملتها بل ووصل للقمر. فهذا تعبير عن الطبيعة التي بداخله. فقد جبله الله ليستكشف، ويتسلط ويحكم، ولكنه لا يزال يفتقر للتفويض الإلهي حتى يُخضع نفسه إرادياً لسلطان الله.

والسمة الأخرى الفريدة في آدم هي ما أطلق عليه الشراكة الذهنية مع الله. إذ جعل الله آدم مسئولاً عن

تصنيف المملكة الحيوانية بجملتها ونجد هذا مسجلاً في (تكوين ٢: ١٩-٢٠).

«**وَجَبَلَ الرَّبُّ الإِلَهُ مِنَ الأَرْضِ كُلَّ حَيَوَانَاتِ الْبَرِّيَّةِ وَكُلَّ طُيُورِ السَّمَاءِ فَأَحْضَرَهَا إِلَى آدَمَ لِيَرَى مَاذَا يَدْعُوهَا وَكُلُّ مَا دَعَا بِهِ آدَمُ ذَاتَ نَفْسٍ حَيَّةٍ فَهُوَ اسْمُهَا. فَدَعَا آدَمُ بِأَسْمَاءٍ جَمِيعَ الْبَهَائِمِ وَطُيُورَ السَّمَاءِ وَجَمِيعَ حَيَوَانَاتِ الْبَرِّيَّةِ**».

في اللغة العبرية التي كُتب بها الكتاب المقدس لا تطلق الأسماء بطريقة عشوائية أو بالصدفة فالاسم يكون دائماً تعبيراً عن طبيعة من أُطلق عليه. وقد أحضر الله الحيوانات جميعا إلى آدم وفوضه أن يعطيها أسماء. وقد أطلق آدم أسماء عليها جميعاً، ومهما دعا فهذا اسمها.

استطاع آدم أن يطلق الاسم الصحيح على كل حيوان. مما يشير إلى أن آدم فهم العلاقات التي تربط بين المخلوقات مثل نظامها، ومجموعاتها، وغيرها. بمعنى آخر كان لديه ما يمكننا أن نسميه المعرفة العلمية، لا المعرفة من خلال التجربة بل بممارسة الإعلان الإلهي الذي نبع من علاقته مع الله.

درست الفلسفة في جامعة كمبريدج، وتخصصت في دراسة الفيلسوف أفلاطون. كان التعريف واحداً من بين

الأمـور التـي اهتــم بهـا أفلاطـون كثيـراً. وقـد كتبـت رسـالة الدكتـوراه الخاصـة بـي عـن «تطـور طريقـة أفلاطـون فـي التعريـف» ولهـذا وقـع عليّ الاختيـار للحصـول علـى زمالـة كليـة كينجـز «King's College» بجامعـة كمبريـدج. اكتشـف أفلاطـون أنـه لا يمكننـا أن نُعـرف شـيئاً مـا علـى نحـو مقنـع بالاتجـاه مـن أسـفل لأعلـى أي مـن التعدديـة الأعظـم إلى الأقـل. فـلا يمكننـا أن نأخـذ مقـداراً ضخمـاً مـن أمـور مختلفـة ونختـار منهـا السـمات المتشـابهة فيهـا حتـى نصـل لقائمـة شـاملة للأمـور الشـائعة والنـادرة التـي نسـعى لتعريفهـا. إذ لـن نصـل إلى أي تعريـف مقنـع بهـذه الطريقـة. فلـن يكـون كافيـاً البتـة.

أخيـراً، وصـل أفلاطـون للنتيجـة التـي تجعلـه حقـا «أبـاً» لطريقـة التعريـف عـن طريـق السـلالات والأنـواع كمـا تسـتخدمها العلـوم الحديثـة. وقـد أعلـن ببسـاطة، أنـه لا يمكننـا أن نبـدأ مـن القـاع ونتجـه لأعلـى. فيجـب أن نبـدأ مـن القمـة ونتجـه للأسـفل فنحـدد العائلـة، ثـم الأنـواع، ثـم السـلالات وهكـذا.

ولكـن كيـف نبـدأ المرحلـة الأولـى أي التصنيـف الشـامل للجميـع؟ يجيـب أفلاطون: بالبديهـة لا بالملاحظـة، حيـث يكـون الطريـق الوحيـد للإنسـان أن يتخطـى الإدراك الحسـي المجـرد. تمتـع آدم فـي علاقتـه الأولـى باللـه بهـذه البديهـة، فتمكـن مـن

رؤيـة كل العلاقـات في المملكـة الحيوانيـة ثـم عبـر عنهـا بالأسـماء التـي أطلقهـا.

والسـمة الأخيـرة الفريـدة التي تميـز آدم هـي تقديـم الرفيـق. فنقـرأ فـي (تكويـن ٢: ٢٠-٢٤) **«وَأَمَّـا لِنَفْسِـهِ فَلَـمْ يَجِـدْ مُعِينًـا نَظِيرَه»**. (آية ٢٠).

عبارة **«معيناً نظيره»** في اللغة العبرية هي «ezer k'negdo» و التي تعني «معيناً يقف أمامه». عندما رأى آدم جميع الحيوانات لم ير من يمكنه أن معه علاقة شخصية. وكان على الله أن يجعل آدم ينام حتى يمكنه أن يتحمل الأمر.

«فَأَوْقَـعَ الـرَّبُّ الإِلَـهُ سُبَاتًا عَلَـى آدَمَ فَنَـامَ. فَأَخَذَ وَاحِـدَةً مِنْ أَضْلاَعِـهِ وَمَلأَ مَكَانَهَا لَحْمـاً. وَبَنَـى الـرَّبُّ الإِلَهُ الضِّلْعَ الَّتِي أَخَذَهَا مِنْ آدَمَ امْرَأَةً وَأَحْضَرَهَا إِلَى آدَمَ».

«فَقَـالَ آدَمُ هَـذِهِ الآنَ عَظْـمٌ مِنْ عِظَامِـي وَلَحْـمٌ مِـنْ لَحْمِـي. هَـذِهِ تُدْعَـى امْـرَأَةً (بالعبريـة ishah) **لأَنَّهَا مِنْ امْـرِءٍ** (بالعبرية ish. لاحظ اسـتخدام الكلمات) **أُخِذَتْ. لِذَلِكَ يَتْرُكُ الرَّجُلُ أَبَاهُ وَأُمَّهُ وَيَلْتَصِـقُ بِامْرَأَتِـهِ وَيَكُونَـانِ جَسَـدًا وَاحِـدًا»**. (الآيات ٢١ - ٢٤).

حظـي آدم بامتيـاز التمتـع بالعـرض الفريـد للنظـام والكمـال ذي الأوجـه المتعـددة لخليقـة اللـه، ومـع ذلـك مـازال هنـاك أمـر

مفقـود. فـلا يوجـد أي مخلـوق يمكـن لآدم أن يكـون معـه فـي علاقـة علـى مسـتواه وأن يشـاركه بعمـق فـي كل مـا يختبـره.

أحـد أكثـر الأمـور إيلامـاً فيمـا يتعلـق بمشـاهد الجمـال المفـرط هـي أنـه مـن الصعـب التمتـع بهـا بمفـردك. يوجـد فـي العظمـة الحقيقيـة مـا لا يمكنـك أن تقـدره وحـدك. عندمـا كنـت طالبـاً فـي جامعـة كمبريـدج، كان لـي صديـق اعتدنـا أن نسـير معـاً علـى جبـال اليونـان. ولكنـه كان يرحـل أحيانـاً بمفـرده. كان يسـتمتع بجبـال شـمال غـرب اليونـان علـى الأخـص. وكان مـن الممكـن أن يتمشـى وليـس معـه سـوى فـراش متنقـل. وعندمـا يأتـي عليـه الليـل، يرقـد داخـل فراشـه المتنقـل ويظـل هنـاك حتى تلمـس الشـمس الجبـال فجـر اليـوم التالـي. ثـم يعـود ويقـول لـي: «كان رائعـاً، وجميـلاً جـداً، ولكـن لـم اسـتمتع بـه بالكامـل لأنـه لـم يشـاركني أحـد».

أعتقـد أن كثيريـن منـا يألفـون هـذا النـوع مـن المشـاعر. فكثيـراً مـا تأتـي لحظـة تقـول فيهـا: «يجـب أن يكـون لـديّ مـن يشـاركني هـذا».

بعـد مـرور موكـب الحيوانـات أمـام آدم لـم يجـد آدم مـن يشـاركه. رتـب اللـه هـذا عمـداً! فأظهـر لآدم مـا يريـده بـأن جعـل آدم يريـد نفـس الشـيء. فقـد أراد اللـه لآدم أن يختبـر الشـركة.

قام الله بعملية فريدة بعد أن أظهر لآدم احتياجه للشركة، فقد أخذ من آدم أحد أضلاعه «وصنع» منها امرأة ووضعها أمامه لتكون «معيناً» له. فقال: «**هَذِهِ الآنَ عَظْمٌ مِنْ عِظَامِي وَلَحْمٌ مِنْ لَحْمِي**».

تلك صورة واضحة، إلى حدٍّ ما، عن يسوع والكنيسة. ففيما كان يسوع نائماً في القبر، أخذ الله من موته ما سيبني به عروس يسوع. ستكون الكنيسة ليسوع مثلما كانت حواء لآدم أي عظماً من عظمه ولحماً من لحمه، فتحقق بذلك اشتياقه للشركة.

نعود مرة أخرى لذلك الحق الرائع بأن الهدف والغرض الأسمى لله هو الشركة مع الإنسان.

الآن سأوجز باختصار خصائص آدم الخمس المميزة كما شرحتها في هذا الفصل والفصل السابق والتي تنطبق على كل منا كنسل آدم، كما تكشف العديد من أعمق الاحتياجات في حياتنا.

- **طريقة الخلق:** خلق الله جسد آدم من الطين. ولكن بعدها مباشرة نفخ فيه روح الله القدير، وهكذا تواجه الله وآدم معاً وجهاً لوجه. وكان هذا أساس علاقة آدم مع الله كما أعطاه القدرة على الشركة مع الله على خلاف باقي الخليقة.

● **طبيعة آدم الخاصة :** داخلياً خلق الله آدم على صورته من الناحية الروحية والأخلاقية والذهنية، وخارجياً عكس شكله صورة الخالق.

● **الغرض من خلق الإنسان :** كان من المفترض أن يمارس آدم السلطان كممثل لله على الأرض كلها.

● **مركز الإنسان كشريك عاقل لله :** تنحى الله جانباً في إحدى النقاط المحددة في علاقته مع آدم وقال له: «آدم ماذا تظن أننا يجب أن نسمي هذه الحيوانات؟» وبذلك أصبح آدم مسئولاً عن تصنيف المملكة الحيوانية.

● **تقديم الشريك :** أثار الله عند آدم في البداية إحساساً بالاحتياج لمن يدخل معه في شركة شخصية وحميمة. ثم أشبع ذلك الاحتياج بتقديم حواء. وأصبح ذلك نموذجاً للعلاقة التي ينوي الله تنميتها بين المسيح وعروسه التي هي الكنيسة.

أعطى الله لآدم إرادة حرة عند ممارسته لمسئولياته. فكان بإمكانه دائماً أن يطيع الله أو يعصيه . ولكن لو لم يكن هناك اختيار تكون الإرادة الحرة أمراً يثير السخرية. فبعد أن خلق الله آدم، لم يلاحقه مثل رجل الشرطة أثناء تأدية مهمته قائلاً: «افعل هذا الآن! أو لا تفعل ذلك».

من الواضح أن الله ترك آدم وحواء لفترة معينة بمفردهما. ويصف لنا (تكوين٣: ٨) «**الْرَّبُ الإلَهُ مَاشِيَاً فِي الْجَنَّةِ عِنْدَ هُبُوبِ رِيحِ النَّهَارِ**». وقد يكون هذا الوقت الذي انخفضت فيه الحرارة وكان نسيم المساء قد بدأ في الهبوب ويبدو واضحاً أن الله لم يكن في الجنة طوال اليوم. والمحتمل أنه اعتاد القيام بالزيارة والشركة في المساء.

على الرغم من أن الله لم يكن دائم الحضور بشخصه في الجنة، إلا أنه ترك مع آدم ممثلاً واحداً ، وهو شيء واحد يمثل الله دائماً، شيء واحد لم يفارقه اطلاقاً. فهل تعرف ما هو؟ إنها كلمته! فقد ترك الله كلمته لآدم.

أؤكد ذلك لأن هناك علاقة مباشرةً بين هذا الموقف والخليقة الجديدة في المسيح. فعندما نُخلق من جديد في المسيح، لا يتبعنا الله مثل رجل الشرطة قائلاً: «افعل هذا! أو لا تفعل ذلك!» وهو لا يلوح لنا مهدداً بعصاً غليظة طوال الوقت. وإنما ترك معنا ممثلاً واحداً دائماً لنفسه وهو : كلمته. وقد أخبر يسوع يهوذا في (يوحنا ١٤: ٢٣) «**إِنْ أَحَبَّنِي أَحَدٌ يَحْفَظْ كلاَمِي، وَيُحِبُّهُ أَبِي، وَإِلَيْهِ نَأْتِي وَعِنْدَهُ نَصْنَعُ مَنْزِلاً**».

إذا، فكيف يأتي إلينا؟ وكيف يصنع سكناه معنا؟ إنه يأتي إلينا ويسكن معنا بكلمته. والمكانة التي نعطيها

لكلمة الله في حياتنا هي المكانة التي نعطيها لله نفسه. فنحن ندين لكلمة الله بنفس التبجيل والاحترام الذي ندين به لله. لا نحب الله أكثر مما نحب كلمته. واتجاهنا نحو كلمة الله هو اختبارٌ لعلاقتنا معه.

هذا ما حدث مع آدم. فقد كانت علاقته مع كلمة الله هي الأساس لعلاقته مع الله. وبحسب معرفتنا، لم يعط الله آدم كتاباً مقدساً بأكمله، بل أعطاه آيتين هما (تكوين ٢: ١٦-١٧):

«وَأَوْصَى الْرَّب الإِلَه آدَم قَائِلاً مِنْ جَمِيع شَجَرِ الْجَنَّة تَأكُل أكْلاً وَأمَّا شَجَرَة مَعْرِفَة الْخَيْرِوَالْشَر فَلا تَأكُل مِنْهَا. لأنَّك يَوْمَ تَأكُل مِنْهَا مَوْتَاً تَمُوت».

كانت تلك هي كلمة «**الْرَّب الإِلَه**». وكانت هي الحق. ومع ذلك فقد تحدث الشيطان بكلمته في (تكوين٣: ٤) قائلاً: «**لَنْ تَمُوتَا**».

وكانت تلك كذبة - أي كذبة الشيطان. فقد واجه آدم وحواء موقفاً كان عليهما أن يختارا فيه بين حق الله وكذب الشيطان. وكان الخطأ الفادح هو أنهما رفضا حق كلمة الله وقبلا كذب الشيطان.

«يمكنك أن تخطئ وتنجو بفعلتك هذه». ذلك هو

الكـذب. أمـا الحـق فهـو: «**يَـوْمَ تَـأْكُل مِنْهَـا مَوْتَـاً تَمُـوت**».

ولا يـزال علـى نسـل آدم مواجهـة نفـس الاختيـار الـذي واجهـه أبوهـم فـي الجنـة. ولا يـزال علينـا أنـا وأنـت أن نقـرر مـاذا نختـار. فـلا يمكننـا البقـاء علـى الحيـاد. فكـل منـا يقـرر مصيـره بالطريقـة التـي يتجـاوب بهـا مـع كلمـة اللـه.

لاحـظ الثـلاث مراحـل المتتاليـة للكلمـة التـي أعطاهـا اللـه لآدم. فبـادئ ذي بـدء يوجـد السـماح. فقـد بـدأ اللـه بـكلام إيجابـي وهـو: «**مِنْ جَمِيعِ شَجَرِ الْجَنَّـةِ تَـأْكُلُ** (ماعـدا واحـدة)». ثـم يأتـي المنـع: «**وَأَمَّـا شَجَرَةُ مَعْرِفَـةِ الْخَيْرِوَالشَّـرِّ فَلاَ تَـأْكُلْ مِنْهَـا**». وأخيـراً تكـون المرحلـة الثالثـة هـي التحذيـر: «**لأنـك يَـوْمَ تَـأْكُل مِنْهَـا مَوْتَـاً تَمُـوت**».

عندمـا آمـن آدم بكلمـة اللـه وأطاعهـا، لـم يـؤذه الشـر. ولـم ينـزع منـه سـلامه، أو حياتـه، أو بركتـه. ولكنـه فـي اللحظـة التـي رفـض فيهـا كلمـة اللـه، وعلـى الرغـم مـن عـدم تواجـد اللـه بشـكل شـخصي فـي الجنـة فـي ذلـك الوقـت إلا أنـه رفـض اللـه. دعنـي أخبـرك بهـذا ثانيـة لأنـه واحـدٌ مـن أهـم الـدروس الأساسـية فـي جميـع الأسـفار وهـو: إن اتجاهـك نحـو كلمـة اللـه هـو الـذي يحـدد علاقتـك مـع اللـه.

لعلك لـم تلـوح بقبضتـك في وجـه اللـه قائـلاً: «يـا اللـه
أنـا لا أريـدك في حياتي». ومـع ذلك فرفـض كلمـة اللـه أو عـدم
طاعتهـا يُعـد تحديـاً للـه تمامـاً كمـا تلـوح بقبضتـك في وجـه
اللـه. فاتجاهـك نحو الكلمـة هـو اتجاهـك نحـو اللـه.

لاحـظ ثانيـة التطابـق بيـن الخليقـة التـي يصفهـا سـفر
التكويـن والخليقـة الجديـدة فـي المسـيح. فلـم ينظـر اللـه
حولـه، عندمـا خلـق آدم ويقـول: «والآن أيـن سـنضعه؟ ومـاذا
سـيأكل؟» فقـد سـددت معرفـة اللـه السـابقة كل مـا احتاجـه آدم
بالتمـام. فقـد وضـع اللـه آدم فـي موقـف اهتـم فيـه بـكل احتياجـه
ـ باستثناء تقديـم الزوجـة. فلـم يحـدث أن احتـاج آدم لشـئ ولـم
يجـده هنـاك. وكان هنـاك شـرط وحيـد للبقـاء فـي ظـل هـذه
الرعايـة التامـة وهـو: أن يؤمـن بكلمـة اللـه ويطيعهـا.

وبحسـب فهمـي للعهـد الجديـد، فنفـس هـذه الأمـور تحـدث
لـكل مـن خُلِقَ مـن جديـد فـي المسـيح. فعندمـا يخلـق اللـه أحـد
الخطـاة خليقـة جديـدة فـي المسـيح، لا ينظـر حولـه عندئـذ
ويقـول: مـاذا سـأفعل لـه؟ كيـف سـأحافظ عليـه؟ كيـف سـيحيا؟
وكيـف سـيجد حلـولاً لمشـاكله؟

ففـي الخليقـة الجديـدة، سـدد اللـه كل مـا يمكـن أن نحتاجـه.
وكمـا وضـع اللـه آدم فـي الجنـة مسـدداً لـه كل احتياجاتـه، فقـد

وفر لنا كل احتياجاتنا. ويصف (٢ بطرس ١: ٢-٤) هذا الأمر على نحو واضح فيقول: «**لِتَكْثُر لَكُم النِّعْمَةُ وَالسَّلام بِمَعْرِفَةِ اللهِ وَيَسُوعَ رَبِّنَا. كَمَا أَنَّ قُدْرَتَهُ الإِلَهِيَّةَ قَدْ وَهَبَتْ لَنَا كُلَّ مَا هُوَ لِلْحَيَاةِ وَالتَّقْوَى بِمَعْرِفَةِ الَّذِي دَعَانَا بِالْمَجْدِ وَالْفَضِيلَةِ. اللَّذَيْنِ بِهِمَا قَدْ وَهَبَ لَنَا الْمَوَاعِيدَ الْعُظْمَى وَالثَّمِينَةَ لِكَيْ تَصِيرُوا بِهَا شُرَكَاءَ الطَّبِيعَةِ الإِلَهِيَّةِ هَارِبِينَ مِنَ الْفَسَادِ الَّذِي فِي الْعَالَمِ بِالشَّهْوَةِ**».

لاحظ زمن الفعل المستخدم في هذه الفقرة: «**فالقدرة الإلهية قد وهبت لنا**» - فلم يقل: «ستهبنا» بل «**قد وهبت لنا كل ما هو للحياة والتقوى**». ليس على الله أن يعطينا أكثر من ذلك. فقد وهبنا الكل بالفعل في يسوع المسيح. فيتحقق الجميع بمعرفة المسيح كما أن الوعود العظمى والثمينة لكلمته تشمل الجميع.

فقد خلق الله آدم ووضعه في مكان التسديد التام لاحتياجاته. ولم يعوزه شيئاً. وكان الشرط الوحيد للبقاء هناك هو الإيمان بكلمة الله وطاعتها.

وكذلك أنا وأنت عندما خلقنا الله ثانية في المسيح، فقد وفر لنا كل احتياجاتنا. وسدد بالفعل كل ما يمكن أن نحتاجه لهذا الزمن وللأبدية. والشرط الوحيد للبقاء في

هـذا الوضـع هـو الإيمـان بكلمـة اللـه وطاعتهـا. فقـد كان الخطأ الفـادح الـذي ارتكبـه آدم هـو أنـه لـم يخضـع لسـلطان كلمـة اللـه. وهـذا أيضـاً هـو خطؤنـا الأساسـي والأكبـر كمؤمنيـن.

(٧)

إنسان واحد وصلاته

إن الكبرياء والتمرد قد أفقدا الشيطان مكانة الكرامة والتميز التي تبوأها في السماويات. ويفترض كثيرٌ من المؤمنين أنه طُرد من السماويات للأبد، فيتكلمون ويصلون كما لو كان الشيطان في جهنم، إلا أن هذه ليست الصورة التي تقدمها لنا الأسفار المقدسة. وكما ذكرت من قبل فكما تعلن (رؤيا ٢٠: ١٣-١٥)، فإن الموت والهاوية (الجحيم) هما ملائكة شيطانية تحكم الآن العالم السفلي الذي يُؤخذ إليه غير المؤمنين عند موتهم، مع مخلوقات أخرى تمردت على خالقها انظر (٢بطرس٢: ٤). بما في ذلك الملائكة الذين تزوجوا من النساء كما يصف لنا الكتاب المقدس في (تكوين٦: ٢-٤).

والهاوية هي لقب تلك المنطقة التي يحكمونها، ولكن الشيطان نفسه غير مقيد معهم هناك، بالتأكيد سيأتي يوم يُطْرَح فيه الموت والهاوية في بحيرة النار مع جميع أعداء الله الآخرين.

يطلق على الشيطان في (أفسس٢: ٢) «**رَئِيسِ سُلْطَانِ الْهَوَاءِ**» أي الحاكم الشيطاني للمنطقة الروحية التي تعرف باسم «الهواء». وهناك كلمتان في اللغة اليونانية بمعنى الهواء وهما: «**aither**» وهي التي تعادل كلمة «الأثير» العربية «**aer**» التي تعادل الكلمة العربية «**هواء**». تشير الكلمة الثانية «**aer**»، للهواء الذي يلامس سطح الأرض مباشرةً. بينما تشير الكلمة الأولى «**aither**» للغلاف الجوي النقي ولا تطلق على الهواء الذي يلامس سطح الأرض.

من المدهش حقاً أنه كلما أطلق على الشيطان «**رئيس الهواء**»، فالكلمة المستخدمة هي «**aer**». بمعنى آخر فإن الشيطان يملك السيطرة على سطح الكرة الأرضية بكامله.

يقدم لنا (دانيال ١٠) لمحة قصيرة عن النشاط الذي يدور بين الملائكة، أي كلا النوعين من الملائكة ملائكة الله وملائكة الشيطان. ومن الواضح أن هناك صراع يدور بين ملائكة الله وقوى الشيطان التي تقاومها. ويدور هذا الصراع في المنطقة التي يطلق عليها السماء الوسطى.

استجابة صلاة دانيال

يبدأ (الأصحاح ١٠) من سفر دانيال لنجد دانيال نائحاً وشبه صائم لمدة ٢١ يوماً. إذ يطلب الله بحزن شديد بسبب

عبودية شعبه إسرائيل وخراب مدينة أورشليم:

«**فِي تِلْكَ الأَيَّام أَنَا دَانِيَال كُنْتُ نَائِحاً ثَلاَثَةَ أَسَابِيع. لَمْ آكُل طَعَاماً شَهِيّاً وَلَمْ يَدْخُل فِي فَمِي لَحْم وَلا خَمْر وَلَمْ أَدْهِن حَتَّى تَمَّ ثَلاَثَة أَسَابِيع أَيَّام**». (آيات ٢، ٣).

كافأ الله دانيال على هذا بزيارة من الملاك جبرائيل، وهو أحد رؤساء ملائكة الله. عند دراستنا لزيارة جبرائيل لدانيال لابد أن نضع نصب أعيننا أن الأصحاحات العاشر، والحادي عشر، والثاني عشر من سفر دانيال ما هي إلا إعلان واحد متصل عن الأحداث التي ستصل بتاريخ إسرائيل لذروة التدبير الإلهي الحالي لشئون العالم.

ويبدأ جبرائيل رسالته بكلمات تشجيع قائلاً:

«**فَقَالَ لِي لَا تَخَفْ يَا دَانِيَال لأَنَّهُ مِنَ الْيَوْم الأَوَّل الَّذِي فِيه جَعَلْتَ قَلْبَكَ لِلْفَهْم وَلِإِذْلاَل نَفْسِكَ قُدَّام إِلَهِك سُمِعَ كَلاَمُكَ وَأَنَا أَتَيْت لأَجْلِ كَلاَمُكَ**» (آية ١٢).

استمر دانيال في الصلاة لمدة ٢١ يوماً وقد سمع الله صلاته من اليوم الأول. إلا أن الإجابة لم تأتِ إلا في اليوم الحادي والعشرين. فما سبب التأخير؟ تقدم لنا الآية ١٣ السبب وهو:

«وَرَئِيسُ مَمْلَكَةِ فَارِسَ وَقَفَ مُقَابِلِي وَاحِدٌ وَعِشْرِينَ يَوْمَاً وَهُوَذَا مِيخَائِيلُ وَاحِدٌ مِنَ الْرُؤَسَاءِ (رؤساء الملائكة) الْأَوَّلِينَ جَاءَ لِإِعَانَتِي وَأَنَا أَبْقَيْتُ هُنَاكَ عِندَ مُلُوكِ فَارِسَ».

لاحظ أن هـذه الأحـداث كلهـا علـى المسـتوى الملائكـي، ودانيـال هـو الإنسـان الوحيـد الـذي شـارك فـي هـذه الأحـداث. أرسـل اللـه جبرائيـل رئيـس الملائكـة اسـتجابةً لصـلاة دانيـال ليعطيـه الإعـلان. ولكـن الشـيطان أطلـق جميـع قواتـه فـي السـماء الوسـطى ليمنـع جبرائيـل رئيـس الملائكـة مـن المجـيء لـلأرض بهـذا الإعـلان ذلـك لأنـه يعـرف أهميـة هـذا الإعـلان .

«ورئيس مملكة فارس» هو من قاوم جبرائيل أساساً. وهو ليس إنساناً وإنما ملاك شيطاني كلفه الشيطان بمهمة مزدوجة هي: مقاومة مقاصد الله، وفرض مشيئة الشيطان في مملكة فارس.

مـن المهم أن نتذكر أن الشـيطان قـد عيـن ملائكـة مختلفـة تحتـه على الأرض بممالكها وإمبراطورياتها وحكوماتها.

ينطبـق نفـس الأمـر علـى وضعنـا السياسـي المعاصـر. فيمكننا أن نتأكـد أن الشـيطان يجعـل أحـد ملائكتـه الأساسـيين مسـئولاً عـن زرع التشـويش فـي واشـنطن، وآخـر مسـئولاً عـن بكيـن وثالـث عـن موسـكو وآخـر للنـدن. فـإن لـم نـدرك هـذا جيـداً، لـن نحـارب بفعاليـة فـي الصـلاة كمـا دعانـا اللـه أن نكـون.

أصبح الصراع الملائكي الدائر في السموات بين قوات الله وقوات الشيطان المسجل في (دانيال ١٠) حاداً للغاية لدرجة أن الله أرسل رئيس ملائكة آخر هو ميخائيل لمساعدة جبرائيل.

لم تكن هذه المواجهة بين جبرائيل وميخائيل من ناحية وملائكة الشيطان من ناحية أخرى مجرد صدامٍ بسيط، إذ استغرق الأمر من جبرائيل ٢١ يوماً لكي يخترق صفوف ملائكة الشيطان، الذين قاوموا نزوله من سماء الله إلى أرض البشر.

فماذا يحدث عندما يحارب الملائكة بعضهم البعض؟ إحدى الكلمات المحورية التي تستخدم عند الحديث عن الملائكة في المعارك هي يقف أمامه أو يتخذ موقفاً صامداً. ويقول جبرائيل في (دانيال ١٠: ١٣) **«وَرَئِيسُ مَمْلَكَةِ فَارِسَ وَقَفَ مُقَابِلِي وَاحِداً وَعِشْرِينَ يَوْماً»**. بمعنى أنه وقف صامداً أمامي.

يقول نفس الملاك مرة أخرى في (دانيال ١١: ١): **«وأنَا فِي السَّنَةِ الأُولَى لِدَارِيُوسَ الْمَادِيِّ وَقَفْتُ لأُشَدِّدَهُ وَأُقَوِّيَهُ»**.

أتحد رئيسا الملائكة جبرائيل وميخائيل في هذه المهمة لخدمة دانيال وإحضار استجابة صلاته.

ثم أخبر جبرائيل دانيال عما سيحدث في المستقبل ليتمم مهمته نحو دانيال (دانيال ١٠: ١٤-٢١).

«وَجِئْتُ لأُفْهِمَكَ مَا يُصِيبُ شَعْبَكَ فِي الأَيَّامِ الأَخِيرَةِ لأَنَّ الرُّؤْيَا إِلَى أَيَّامٍ بَعْدُ... فَقَالَ: هَلْ عَرَفْتَ لِمَاذَا جِئْتُ إِلَيْكَ؟ فَالآنَ أَرْجِعُ وَأُحَارِبُ رَئِيسَ فَارِسَ. فَإِذَا خَرَجْتُ هُوَذَا رَئِيسُ الْيُونَانِ يَأْتِي. وَلكِنِّي أُخْبِرُكَ بِالْمَرْسُومِ فِي كِتَابِ الْحَقِّ. وَلاَ أَحَدٌ يَتَمَسَّكُ مَعِي عَلَى هؤُلاَءِ إِلاَّ مِيخَائِيلُ رَئِيسُكُمْ».

لاحظ أن ميخائيل يُسَمَّى «رئيسكم» لأن دانيال إسرائيليٌّ. فميخائيل هو رئيس الملائكة المسئول على نحو خاص عن تنفيذ مقاصد الله نحو إسرائيل.

انظر إلى (دانيال ١٢: ١). **«وَفِي ذلِكَ الْوَقْتِ يَقُومُ مِيخَائِيلُ الرَّئِيسُ الْعَظِيمُ الْقَائِمُ (لحماية) لِبَنِي شَعْبِكَ (إسرائيل)».**

كلما ذكر الكتاب المقدس ميخائيل وهو يعمل على نحوٍ خاصٍ جداً، نستنتج أن إسرائيل هم مرحلة محورية في تاريخ الأرض.

وهذا هو الوضع هنا كما لو أن جبرائيل يقول: «لَم أَنْتَصِرْ بَعْد فِي مَعْرَكَتِي». ثم يواصل قائلاً: «عندما ننتهي من مواجهة رؤساء فارس، سنواجه رئيس اليونان». «رئيس اليونان» هو

الملاك الشيطاني المسئول عـن تنفيـذ مشيئة الشـيطان فـي إمبراطورية اليونان.

مـا أهميـة كلٍّ مـن فـارس واليونـان فـي تلـك المرحلـة؟ الإجابـة هـي بسـبب علاقتهمـا بإسـرائيل.

جـاءت أربـع ممالـك متتابعـة وكانـت مسـئولة إلـى حدٍ مـا عن سـبي إسرائيل والسـيطرة على أرضهم وعلى مدينة أورشـليم. وهـذه الممالـك المتتابعـة هـي: بابـل، وفـارس، واليونـان، وروما. ركـزت النبـوة فـي تلـك المرحلـة علـى أرض إسـرائيل وشـعبها. وكانـت أهميـة كلٍّ مـن هـذه الممالـك الأربعـة مسـتمدة مـن الدور التاريخي الـذي تلعبـه مـع إسـرائيل.

ثـم تغيـر تركيـز النبـوة فـي عـام ٧٠ بعد الميـلاد عندما تشـتت الشـعب اليهـودي ولـم يعد لإسـرائيل وجـود ككيـان جغرافـي. وكانـت نبـوة الكتـاب المقـدس متصلـة ببضـع أحـداث قليلـة لهـا أهميـة عالميـة فـي السـبعة عشـر أو الثمانيـة عشـر قرنـاً التاليـة. أمـا الآن وقـد عاد الشـعب اليهـودي لأرض إسـرائيل، فقـد أصبحـت النبـوة متصلـة بالأحـداث مـرة أخـرى. بـدأت سـاعة اللـه النبويـة تـدق مـن جديـد.. وأصبـح المشـهد يتحـرك نحـو الـذروة فـي هـذا الجيـل. فالأصحاحـات السـابع، والثامـن، والحـادي عشـر، والثاني عشـر تركـز جميعـاً على الفتـرة الزمنيـة التي نحيـا فيهـا حاليـاً.

دور التشفع

أكثـر مـا يثيرنـي فيمـا يتعلـق بالأحـداث السـالفة الذكـر هـو أن خدمـة التشـفع لعبـت فيهـا دوراً حاسـماً. فلم تتحـرك السـماء إلا عندمـا صلـى دانيـال. ولـم يسـتطع ملائكـة السـماء إتمـام عملهـم إلا عندمـا صلـى دانيـال لذلك.

إلا أن ذلـك تطلـب اسـتمرار في الصـلاة مـع الإصـرار. فـإن صلينـا صـلاة ولـم ننل اسـتجابة فوريـة، فـلا يعنـي ذلـك بالضـرورة أن صلاتنـا ليسـت في مشـيئة الله، بـل قـد يكون السـبب وجود أحـد الرؤسـاء الشـيطانيين في السـماويات يعـوق الاسـتجابة . إذن ماذا نفعـل؟ نصلـي لنبعـده عن الطريـق!

لـم يتـرك دانيـال المبـادرة في يـد العـدو. بـل اختار بنفسـه أرض معركـة الصـلاة. وصمـد عندمـا واجهتـه المقاومـة. أحيانـاً تكـون مقاومـة الشـيطان أحـد أفضـل المؤشـرات علـى أننـا نصلـي في مشـيئة الله.

نجـد في حيـاة الصـلاة الخاصـة بدانيـال عنصريـن مكمليـن لبعضهمـا البعـض.

أولاً : أنـه كان ينمـو منـذ الصغـر في حيـاة الصـلاة. وقـد كان هـذا أمـراً هامـاً جـداً بالنسـبة لـه حتـى أنـه لـم يتوقف عـن

الصلاة بسبب التهديد بإلقائه في جب الأسود، بل تمسك بأوقات منتظمة يقضيها في الصلاة طوال اليوم.

ثانياً: لم يُصلِّ دانيال بحسب أفكاره الخاصة، بل بالحري لإتمام مقاصد الله المعلنة في الأسفار. فقد أضاء الله له جزء من إرميا النبي:

«أَنَا دَانِيَالَ فَهِمْتُ مِنَ الْكُتُبِ عَدَدَ السِنِينَ الَّتِي كَانَتْ عَنْهَا كَلِمَةُ الرَّبِّ إِلَى إِرْمِيَا النَبِي لِكَمَالِه سَبْعِينَ سَنَةً عَلَى خَرَابِ أُورُشَلِيمَ. فَوَجَّهْتُ وَجْهِي إِلَى اللهِ السَّيِّدِ طَالِباً بِالصَّلاَةِ وَالتَّضَرُّعَاتِ بِالصَّوْمِ وَالْمِسْحِ وَالرَّمَادِ».(دانيال ٩: ٢-٣)

يجب على أي مؤمن قدم نفسه لخدمة التشفع، أن يدرس باجتهاد نبوات الكتاب المقدس لأن هذا هو الأساس الأولي لجميع الصلوات الفعالة حقاً.

يقدم يسوع نفسه نظرة عامة شاملة عن تحقيق مقاصد الله المعلنة في النبوات في (متى الأصحاحات ٢٤، ٢٥). ويجب على أي مؤمن يقدم نفسه للصلاة بهذه الطريقة أن يجتهد في دراسة صورة نهاية الأيام التي قدمها يسوع نفسه في هذين الأصحاحين.

أحـد المشـاكل الخطيـرة التـي يواجههـا العديـد مـن المؤمنيـن هي أننـا لا نقـدر قيمـة سـلطاننا وإمكانيتنـا. مـع ذلك فالعالـم يـدور حولنـا بقـدر معيـن. فعندمـا نصلـي تتحـرك السـماء. وإن تمسـكنا بالصـلاة تتـم مقاصـد السـماء. أمـا إن توقفنـا عـن الصـلاة، فلـن تتحقـق مقاصـد اللـه.

مـن الحقائـق ذات الأهميـة الحيويـة لحيـاة الصـلاة والتـي تظهرهـا الأحـداث المذكـورة سـابقاً. هـي أنـه لكـي ترتفـع صلاتنـا مـن الأرض إلى عـرش اللـه، يكـون عليهـا العبـور بـأرض يحتلهـا عدونـا. ينطبـق هـذا بوضـوح فعـلاً على صلـوات دانيـال. فقـد أعاقهـا رئيـس شيطاني في السـماويات يُسَـمَى «رئيس فارس». ومـع ذلـك، ففي النهايـة أدت صـلاة دانيـال الحـارة إلى استسـلام هـذا الرئيـس الشـيطاني. ولـم تستعلن فاعليـة صـلاة دانيـال في العالـم الطبيعـي المـادي. فلـم يتعامـل دانيـال مـع بشـر، بـل كان يبـدد قـوات شـيطانية في السـماويات تقـاوم مقاصـد اللـه ولكـن للأسـف لا يُعيـر الكثيـر مـن المؤمنيـن هـذه الحقيقـة الاهتمـام الكافـي.

يجـب أن نطـرح بعـض الأسـئلة المحـددة قبلمـا نُكـرِّس أنفسـنا للصـلاة واضعيـن أمامنـا مثـال دانيـال، ألا وهـي:

• هـل ترتكـز صلاتي على مـا تعلنـه الأسـفار أم هـي مجـرد

تعبيرٍ عن تفكيري الخاص وما أرغب أنا في تحقيقه؟

• هل صلاتي هي صلاة حارة واثقة لايمكن مقاومتها، ولا منعها من الوصول إلى عرش الله؟

• عندما أصلي، هل أنا مستعد للتعامل مع قوى روحية شيطانية في العالم السماوي ، أم مع مجرد مواقف على المستوى البشري؟

تحدثت ذات مرة مع مجموعة من المؤمنين حول موضوع الصلاة وعلقت قائلاً: «يقرأ البعض الصلوات والبعض يتلو الصلوات، والبعض الآخر يصلي».

بالطبع أثار هذا بعض الأسئلة. فقد تساءلوا قائلين: «وما الفرق؟».

فأجبتهم: «حسناً. من يصلي حقيقة، لا يكتفي بمجرد قراءة الصلاة أو تلاوة الصلاة، وإنما يصبح هو نفسه هذه الصلاة».

واصلت الشرح موضحاً أن ذلك ينطبق على داود عندما كان يحيا تحت ضغوط رهيبة، كما يسجل (مزمور١٠٩: ٣ - ٤) «**بِكَلاَمِ بُغْضٍ أَحَاطُوا بِي، وَقَاتَلُونِي بِلاَ سَبَبٍ. بَدَلَ مَحَبَّتِي يُخَاصِمُونَنِي. أَمَّا أَنَا فَصَلاَةٌ**». بمعنى آخر يقول داود: «أصبحت أنا صلاتي التي أصليها».

يقدم لنا إيليا على جبل الكرمل صورة لهذا النوع من الصلاة:

«وَأَمَّا إِيلِيَّا فَصَعِدَ إِلَى رَأْسِ الْكَرْمَلِ وَخَرَّ إِلَى الأَرْضِ، وَجَعَلَ وَجْهَهُ بَيْنَ رُكْبَتَيْهِ. وَقَالَ لِغُلاَمِهِ: اصْعَدْ تَطَلَّعْ نَحْوَ الْبَحْرِ. فَصَعِدَ وَتَطَلَّعَ وَقَالَ: لَيْسَ شَيْءٌ. فَقَالَ: ارْجِعْ سَبْعَ مَرَّاتٍ. وَفِي الْمَرَّةِ السَّابِعَةِ قَالَ: هُوَذَا غَيْمَةٌ صَغِيرَةٌ قَدْرُ كَفِّ إِنْسَانٍ صَاعِدَةٌ مِنَ الْبَحْرِ. فَقَالَ: اصْعَدْ قُلْ لأَخْآبَ: اشْدُدْ وَانْزِلْ لِئَلاَّ يَمْنَعَكَ الْمَطَرُ». (١ملوك ١٨: ٤٢-٤٤).

لم يكتف إيليا عند تلك المرحلة بمجرد تلاوة صلاة، بل أصبح هو الصلاة التي يصليها. وتحول جسده كله لأداة تستجيب لروح الله الذي يتحرك بداخله. ويطلق قوة الله الخارقة من خلاله.

يقدم لنا (عبرانيين٥: ٧) نموذجاً أعظم لهذا النوع من الصلاة وذلك عندما يصف الكاتب يسوع قائلا: «**الَّذِي فِي أَيَّامِ جَسَدِهِ، إِذْ قَدَّمَ بِصُرَاخٍ شَدِيدٍ وَدُمُوعٍ طِلْبَاتٍ وَتَضَرُّعَاتٍ لِلْقَادِرِ أَنْ يُخَلِّصَهُ مِنَ الْمَوْتِ، وَسُمِعَ لَهُ مِنْ أَجْلِ تَقْوَاهُ**».

وقد أصبح كلٌّ من إيليا على جبل الكرمل ويسوع في جثسيماني، قناةً تنتقل من خلالها قوة خارقة للطبيعة لتحطم كل المقاومة الشيطانية وتطلق مقاصد الله.

للوصول إلى صلاة فعالة لابد من توافر شرطين هما: السلطان والقوة.

السلطان هو مفهوم قانوني، يجب أن تكون لنا الثقة بأننا قد استوفينا جميع متطلبات القوانين الإلهية التي تمكننا من امتلاك السلطان. وبمجرد الوفاء بتلك المتطلبات، سوف تضع الصلاة باسم يسوع ختم سلطانه على صلاتنا. فهو يؤكد بنفسه على الدوام قائلاً: «**إِنْ سَأَلْتُمْ شَيْئاً بِاسْمِي فَإِنِّي أَفْعَلُهُ**». (يوحنا ١٤: ١٤) تتشابه هذه الصلاة بإرسال خطابٍ مسجل. فلا يمكن لأحد أن يعبث به أو يعطل إرساله كما أن وصوله إلى غايته أمر مضمون.

يمكننا كمؤمنين في العالم اليوم، أن نتوقع مواجهات لا يمكننا الانتصار فيها إلا بذلك النوع من الصلاة الذي أظهره لنا الرب يسوع وإيليا. وكثيراً ما تعبر تلك الصلاة عن نفسها بتسبيح قوي منطلق. فلابد وأن تُدَعَّمَ صلواتنا بقوة خارقة للطبيعة لكي تخترق المنطقة الواقعة في السماء الوسطى التي يحاول الشيطان أن يقاومنا فيها.

توضح التقنية التي يطلق بها مهندسو وكالة ناسا الأمريكية مكوكاً إلي الفضاء هذا الأمر. إذ يلحقون معزز صواريخ بالمكوك، وعندما ينشط فإنه يقدم الطاقة اللازمة

لإطلاق المكوك فوق الغلاف الجوي للأرض. يصاحب إطلاق الصاروخ وميض يعمي العيون، يتبعه دوي مستديم أثناء انطلاق المكوك في الغلاف الجوي للأرض وبمجرد وصوله لارتفاع معين، فإنه يواصل الانطلاق بقوته الدافعة. ولذلك، فليس من طريقة لإطلاق أحد الصواريخ دون حدوث تأثير قوي على الحواس.

هكذا أيضاً فإن إطلاق القوة اللازمة لإطلاق صلواتنا خلال السماء الوسطى، تصنع تأثيراً ضخماً على الحواس. وأحياناً يكون لدينا ذلك الانطباع بأن الصلاة يجب أن تكون في مهابة ومبجلة. بينما لا يوجد ما هو مهيب أو مبجل فيما يتعلق بإطلاق أحد الصواريخ.

يُعتبر الصراع الروحي امتحاناً حقيقياً لشخصياتنا. ويقدم لنا دانيال ثلاثة أمثلة تتحدانا:

فأولاً: صلاة دانيال كلفته شيئاً، فقد ضحى بملذاته الجسدية الشخصية عندما استمر في صوم جزئي لمدة ثلاثة أسابيع.

وثانياً: أنه لم يستسلم للإحباط، فعلى الرغم من حقيقة عدم وجود دليل ملموس على أن الله سمع لصلاته

وأن الاستجابة قادمة في الطريق، فقد استمر يسكب قلبه أمام الله الذي يعبده.

ثالثاً: كانت شجاعة دانيال وإصراره هما السبب وراء ما تلا ذلك من تحقيق مقاصد الله لإسرائيل. وكانت حياة الصلاة التي عاشها هي سبب حصوله على تلك المكانة الفريدة في تاريخ شعبه.

وفيما يلي دروس هامة يمكننا أن نتعلمها من حياة دانيال:

كانت صلاة دانيال، منذ الصغر، هي أسلوب حياة وليست نشاطاً دينياً. فقد احتفظ بوقت ومكان ثابتين كل يوم مخصصين تماماً للصلاة.

ولم يرتجل دانيال في صلاته. فقد كان الدافع الأصلي للصلاة يأتي من الأسفار النبوية. وكان يصلي لتحقيق مشيئة الله نحو شعبه كما تكشفها الأسفار المقدسة.

تطلبت صلاة دانيال إنكاراً للذات وكانت مصحوبة بالصوم. وقد قال يسوع لتلاميذه في الموعظة على الجبل:

«متى صليتم ... متى صمتم...» ولم يقل «إن صليتم» أو «إن صمتم». فقد كان متأكداً من أن تلاميذه سيمارسون كلاً

مـن الصـلاة والصـوم. فهنـاك أوقـات تكـون فيهـا الصـلاة فقـط غيـر كافيـة إذ لابـد وأن يصاحبهـا صـوم.

كـرس دانيـال نفسـه بالكامـل للصـلاة. وكمـا ذكـرت مـن قبل، فحتى التهديد بإلقائـه في جـب الأسـود لـم يسـبب لـه اضطرابـاً.

يظهـر هـذا حقيقـة واحـدة كثيـراً مـا يتجاهلهـا المؤمنـون أثنـاء أوقـات الصـراع الروحـي وهـي:

أن الصـلاة الفعالـة تمتحـن شـخصيتنا، حيـث تتطلـب تكريـس القلـب بالكامـل.

فالصـلاة كمـا قدمهـا دانيـال، ارتقـت بـه إلى مسـتوى مـن الفاعليـة أعلى بكثيـر مـن الأرض. وتشـمل الأصحاحـات الثلاثـة الأخيـرة لسـفر دانيـال إجمالـي ٧٨ آيـة. لـم يـرد بهـا ذكـر لأي إنسـان سـوى دانيـال. أمـا الكائنـات الأخـرى التـي تصفهـا فهي الملائكـة، فدعنـا نحـول تركيزنـا إلى تلك الكائنـات المدهشـة.

(٨)

كائنات ملائكية

تحوى الأسفار المقدسة عدة إشارات عن الملائكة. ولذلك أندهش من إهمال الوعاظ لهذا الموضوع، مع أن الملائكة تلعب دورا هاماً جداً في كشف مقاصد الله للعيان.

يوضح داود في (مزمور ١٠٤) طبيعة الملائكة فيقول: أنهم أرواحٌ. فالله «**الصَّانِعُ مَلاَئِكَتَهُ رِيَاحاً**. (أرواحاً)» (آية ٤).

والآن نعرف أن للإنسان أيضاً روحاً في داخله. يصلي بولس في (١تسالونيكي٥: ٢٣) لأجل المؤمنين قائلاً: «**وَإِلَهُ السَّلاَمِ نَفْسُهُ يُقَدِّسُكُمْ بِالتَّمَامِ. وَلْتُحْفَظْ رُوحُكُمْ وَنَفْسُكُمْ وَجَسَدُكُمْ كَامِلَةً بِلاَ لَوْمٍ**». فتتكون شخصيتنا الكاملة من هذه العناصر الثلاثة: الروح، والنفس، والجسد.

تعلن الأسفار المقدسة أن الكائنات الروحية خالدة. ولن تتعرض الروح التي بداخل كل منا للفناء. ومن ثم يدرك كل من الإنسان والملائكة أنهم: لن يتعرضوا للفناء، ويحكم الله

على هؤلاء الذين رفضوا رحمته بقضاء الأبدية في بحيرة النار التي ليست لها نهاية وليس من مخرج منها.

«الملاك» الإلهي

من الضروري عند دراستنا للكائنات الملائكية أن نفهم أن الله نفسه ظهر كثيراً للبشر في صورة «ملاك». على سبيل المثال ظهر هذا الملاك الإلهي لهاجر جارية إبراهيم عندما كانت هاربة من سارة: «**فَقَالَ لَهَا مَلاَكُ الرَّبِّ: ارْجِعِي إِلَى مَوْلاَتِكِ وَاخْضَعِي تَحْتَ يَدَيْهَا**». (تكوين ١٦: ٩)

ثم أضاف قائلاً: «**تَكْثِيرًا أُكْثِرُ نَسْلَكِ فَلاَ يُعَدُّ مِنَ الْكَثْرَةِ**». (آية ١٠).

وفيما بعد قال لها الملاك ثانية: «**قُومِي احْمِلِي الْغُلاَم وَشُدِّي يَدَكِ بِهِ. لأَنِّي سَأَجْعَلُهُ أُمَّةً عَظِيمَةً**» (تكوين ٢١: ١٨).

الله فقط هو الوحيد القادر على تقديم وعود مثل هذه مظهراً نفسه في صورة ملاك: «**تَكْثِيرًا أُكْثِرُ نَسْلَهُ**» و«**سَأَجْعَلُهُ أُمَّةً عَظِيمَةً**».

ظهر هذا الملاك لموسى أيضاً: «**وَظَهَرَ لَهُ مَلاَكُ الرَّبِّ بِلَهِيبِ نَارٍ مِنْ وَسَطِ عُلَّيْقَةٍ**». (خروج ٣: ٢)

وبعد ذلك بآيتين أطلق على هذا الملاك «الله» : «**نَادَاهُ اللهُ مِنْ وَسَطِ عُلَيْقَةٍ**». (آية ٤).

ويُعَدُّ ظهور الملاك لجدعون مثالاً آخر:

«**فَظَهَرَ لَهُ مَلاَكُ الرَّبِّ وَقَالَ لَهُ: الرَّبُّ مَعَكَ يَا جَبَّارَ الْبَأْسِ! فَقَالَ لَهُ جِدْعُونُ: أَسْأَلُكَ يَا سَيِّدِي، إِذَا كَانَ الرَّبُّ مَعَنَا فَلِمَاذَا أَصَابَتْنَا كُلُّ هَذِهِ، وَأَيْنَ كُلُّ عَجَائِبِهِ الَّتِي أَخْبَرَنَا بِهَا آبَاؤُنَا**». (قضاه٦: ١٢-١٣).

وقد سُمي هذا الملاك فعلياً بـ «الرب» في الآية التالية مباشرةً، وهي كما رأينا من قبل الطريقة المقبولة لترجمة ذلك الاسم المقدس الذي يتكون من أربعة حروف عبرية ويُترجم عادة إلى «جاهوفاه» أو «يهوه» في اللغة العربية. «**فَالْتَفَتَ إِلَيْهِ الرَّبُّ وَقَالَ: اذْهَبْ بِقُوَّتِكَ هَذِهِ وَخَلِّصْ إِسْرَائِيلَ مِنْ كَفِّ مِدْيَانَ. أَمَا أَرْسَلْتُكَ؟**» (آيه ١٤).

من الضروري عند دراستنا للكائنات الملائكية أن نفهم أن الله نفسه ظهر كثيرا للبشر في صورة «ملاك».

تشير عبارة «**فالتفت إليه الرب**»، إلى وجود مقابلة مباشرةٍ وجهاً لوجه بين يهوه وجدعون. فقد تحدثا معا وجهاً لوجه.

ظهر نفس الملاك فيما بعد، (انظر قضاة ١٣: ٣-٢٣) لأبوي شمشون: «**فَجَاءَ مَلاَكُ اللَّهِ أيْضاً إلَى الْمَرْأَةِ** » (آية ٩). وفي الآية التالية: «**فأسرعت الْمَرْأَةُ ... وقالت له: قَدْ تَرَاءَى لِي الرَّجُلُ ....**» (آية ١٠).

يقول منوح، والد شمشون في (آية ٢٢): «**نَمُوتُ مَوْتاً لأَنَّنَا قَدْ رَأَيْنَا اللّٰهَ**»!

لذلك فهذا الشخص الذي ظهر لأبوي شمشون كان «رجلاً»، وملاكاً (رسول من الله)، وهو الله نفسه أيضاً.

فمن كان ذلك الشخص الغامض؟ وفقاً لخبرتي الروحية الشخصية، ليس لدي أدنى شك في هويته. فهو نفس الشخص الذي استعلن في مرحلة لاحقة من التاريخ في شخص يسوع الناصري. فقد جمع يسوع في نفسه ثلاث طبائع: طبيعة الله، وطبيعة ملاك (رسول الله)، وطبيعة إنسان.

يسجل لنا تاريخ إسرائيل مرتين أخريين على الأقل ظهر فيهما هذا الملاك الإلهي. فيسجل سفر (العدد ٢٢) كيف أرسل بالاق ملك موآب رسلاً إلى بلعام العراف ليلعن إسرائيل. ولكن بينما كان بلعام في طريقه ليلعن إسرائيل «**كَشَفَ الْرَّب عَنْ عَيْنَي بَلْعَام فَأبْصَرَ مَلاك الْرَّب وَاقِفاً فِي**

الطَرِيقِ وَسَيْفُهُ مَسْلُولٌ فِي يَدِهِ فَخَرَ سَاجِدًا عَلَى وَجْهِهِ (آية ٣١). وهكذا أقر بلعام من خلال هذه الاستجابة بأنه في محضر الله.

أطلق الملاك بلعام ليواصل رحلته بعد هذه المواجهة، ولكنه حذره بشدة قائلاً: «**وَإِنَّمَا تَتَكَلَّم بِالْكَلاَمِ الَّذِي أُكَلِمُكَ بِهِ فَقَطْ**». (آيه ٣٥). وكانت النتيجة أن بلعام أعلن ثلاث نبوات متتالية ومجيدة تكشف المصير الذي عينه الله لشعبه إسرائيل.

ثم نجد في تاريخ إسرائيل أن أشور هاجمت مملكة يهوذا، وحاصرت مدينة أورشليم. واستجابةً لصلاة الملك حزقيا «**أَنَّ مَلاَكَ الرَّبِّ خَرَجَ وَضَرَبَ مِنْ جَيْشِ أَشُّورَ مِئَةَ أَلْفٍ وَخَمْسَةً وَثَمَانِينَ أَلْفاً. وَلَمَّا بَكَّرُوا صَبَاحاً إِذَا هُمْ جَمِيعاً جُثَثٌ مَيِّتَةٌ.**» (٢ملوك ١٩: ٣٥). وكان ذلك بالتأكيد استعلاناً مهيباً لقوة الله العاملة من خلال الملاك.

السمات الجسدية للملائكة

تتكلم أجزاء عديدة أيضاً من الأسفار المقدسة عن الملائكة التي ليست هي ظهوراً لله (كما ذكرنا عن ملاك الرب في الجزء السابق)، بل كائنات مخلوقة.

وما هـذه الكائنـات السـماوية إلا أرواح، ولكنهـا مـزودة بأجسـاد لتتمكـن مـن تنفيـذ مهامهـا العديـدة. وفي كثيـر مـن الحـالات، تُصَوَّرُ أجسـادهم كمـا لـو كان لهـا أجنحـة. وتختلـف المهـام التي يقـوم بهـا الملائكـة وفقـاً لعـدد أجنحتهـا.

فعلى سـبيل المثـال، وُصـف الكروبيـم في هيكـل سـليمان بـأن لهـم جناحيـن. (صيغـة الجمـع لكلمـة كـروب «cherub» باللغـة العبريـة هـي كروبيـم «cherubim» «لأَنَّ الْكَرُوبَيْنِ بَسَطَا أَجْنِحَتَهُمَا عَلَى مَوْضِعِ التَّابُوتِ، وَظَلَّلَ الْكَرُوبَانِ التَّابُوتَ وَعِصِيَّهُ مِنْ فَوْقُ» (١ملوك ٨: ٧)

ومـن المثيـر للاهتمـام أن كلمـة كـروب «cherub» هـي الكلمـة العبريـة الحديثـة لنبـات الكرنـب. فمـا هـي العلاقـة بينهمـا؟ ربمـا يكـون ذلك لأن الطريقـة التي تتصـل بهـا أجنحـة الكـروب بجسـده تشـبه الطريقـة التي تنمـو بهـا أوراق الكرنـب على سـاق النبـات.

وهـا هـي تفاصيـل أكثـر عـن الكروبيـم الموصوفيـن في قـدس أقـداس الهيـكل:

«وَأَجْنِحَةُ الْكَرُوبَيْنِ طُولُهَا عِشْرُونَ ذِرَاعًا، الْجَنَاحُ الْوَاحِدُ خَمْسُ أَذْرُعٍ يَمَسُّ حَائِطَ الْبَيْتِ، وَالْجَنَاحُ الآخَرُ خَمْسُ أَذْرُعٍ يَمَسُّ

جَنَاحَ الْكَرُوبِ الآخَرِ. وَجَنَاحُ الْكَرُوبِ الآخَرِ خَمْسُ أَذْرُعٍ يَمَسُّ حَائِطَ الْبَيْتِ، وَالْجَنَاحُ الآخَرُ خَمْسُ أَذْرُعٍ يَتَّصِلُ بِجَنَاحِ الْكَرُوبِ الآخَرِ. وَأَجْنِحَةُ هذَيْنِ الْكَرُوبَيْنِ مُنْبَسِطَةٌ عِشْرُونَ ذِرَاعًا، وَهُمَا وَاقِفَانِ عَلَى أَرْجُلِهِمَا وَوَجْهُهُمَا إِلَى دَاخِل.» (٢أخبار٣: ١١-١٣).

وكان تصميم هذين الكروبين يبعث الرهبة. فالخمسة أذرع تقريباً عبارة عن حوالي مترين وربع المتر. مما يعني أن إجمالي المسافة بين أقصى الجناح الأيمن وأقصى الجناح الأيسر لكل كروب حوالي أربعة أمتار ونصف المتر.

يقدم لنا (حزقيال ١: ٥ ـ ١١) وصفاً تفصيلياً للكروبيم الذين لديهم أربع أجنحة ويسميهم «**شبه حيوانات**» أو «**كائنات حية**» حسب ترجمة «**كتاب الحياة**».

«**وَمِنْ وَسْطِهَا شِبْهُ أَرْبَعَةِ حَيَوَانَاتٍ. وَهذَا مَنْظَرُهَا: لَهَا شِبْهُ إِنْسَانٍ. وَلِكُلِّ وَاحِدٍ أَرْبَعَةُ أَوْجُهٍ، وَلِكُلِّ وَاحِدٍ أَرْبَعَةُ أَجْنِحَةٍ. وَأَرْجُلُهَا أَرْجُلٌ قَائِمَةٌ، وَأَقْدَامُ أَرْجُلِهَا كَقَدَمِ رِجْلِ الْعِجْلِ، وَبَارِقَةٌ كَمَنْظَرِ النُّحَاسِ الْمَصْقُولِ. وَأَيْدِي إِنْسَانٍ تَحْتَ أَجْنِحَتِهَا عَلَى جَوَانِبِهَا الأَرْبَعَةِ. وَوُجُوهُهَا وَأَجْنِحَتُهَا لِجَوَانِبِهَا الأَرْبَعَةِ. وَأَجْنِحَتُهَا مُتَّصِلَةٌ الْوَاحِدُ بِأَخِيهِ. لَمْ تَدُرْ عِنْدَ سَيْرِهَا. كُلُّ وَاحِدٍ يَسِيرُ إِلَى جِهَةِ وَجْهِهِ. أَمَّا شِبْهُ وُجُوهِهَا فَوَجْهُ إِنْسَانٍ وَوَجْهُ**

أَسَـدٍ لِلْيَمِـينِ لأَرْبَعَتِهَـا، وَوَجْـهُ ثَـوْرٍ مِـنَ الشِّـمَالِ لأَرْبَعَتِهَـا، وَوَجْـهُ نَسْـرٍ لأَرْبَعَتِهَـا. فَهذِهِ أَوْجُهُهَـا. أَمَّـا أَجْنِحَتُهَا فَمَبْسُـوطَةٌ مِنْ فَوْقُ. لِكُلِّ وَاحِـدٍ اثْنَـانِ مُتَّصِـلاَنِ أَحَدُهُمَـا بِأَخِيـهِ، وَاثْنَـانِ يُغَطِّيَـانِ أَجْسَـامَهَا».

هنـاك نـوع آخـر مـن الكائنـات الملائكيـة يطلـق عليـه «السـيرافيم» «seraphim» ونجـده فـي (إشـعياء ٦). وترتبـط كلمـة «السـيرافيم» ارتباطـاً مباشـراً بالكلمـة العبريـة التـي تعنـي «النـار». وهـي كائنـات مشـتعلة ومتوهجـة تحـرس الطريـق المـؤدي لـرب الجنـود. وعلـى كل مـن يرغـب فـي الوصـول إليـه أن يعبـر خـلال النـار.

لـكل منهـا لـه سـتة أجنحـة: «**السَّـرَافِيمُ وَاقِفُـونَ فَوْقَـهُ، لِكُلِّ وَاحِدٍ سِـتَّةُ أَجْنِحَةٍ، بِاثْنَيْنِ يُغَطِّي وَجْهَهُ، وَبِاثْنَيْنِ يُغَطِّي رِجْلَيْهِ، وَبَاثْنَيْنِ يَطِيرُ**» (آية ٢).

تشـير تغطيـة الوجـه والأرجـل إلـى العبـادة. ويسـتخدم السـرافيم الجناحيـن المتبقييـن للطيـران المقصـود بـه الخدمـة. فـي السـماء يُوجـد تأكيـد مزدوج على العبـادة أكثـر من الخدمة. ألا يجـب أن نسـتخدم نحـن نفـس النسـبة هنـا علـى الأرض؟

«وَهـذَا نَـادَى ذَاكَ: «قُدُّوسٌ قُدُّوسٌ قُدُّوسٌ رَبُّ الْجُنُـودِ.

مَجْدُهُ مِلْءُ كُلِّ الأَرْضِ» (آية ٣). إن قـول السـيـرافيم: «قدوس» ثلاث مـرات يأتي تجـاوبـاً مـع إعـلان أن اللـه واحـد فـي ثالوث أي إلهٌ واحـد فـي ثلاثـة أقـانيـم.

سـنلقي نظـرة فيمـا بعد على بعض الفقـرات مـن الأسفـار المقدسـة التي تشـير للملائكـة الذيـن يشـتركون فـي الحـرب. ولا توجـد واحـدة منهـا تتحـدث عـن ملائكـة قتلوا فـي الحـرب. ويبـدو الحديـث عـن «ملاك ميت» مناقضاً للكتـاب المقدس.

يتحـدث بولـس فـي (١كورنثـوس١٥: ٥٠) عـن فئـة مـن الكائنـات لديهـا «لَحْم وَدَم». ويفتـرض استخدامه لهذه العبارة أنـه يقـارن بيـن هـذا النـوع مـن الكائنـات، مقابـل هؤلاء الذيـن لديهـم جسـد (لحـم) ولكـن بـدون دم. ولـدي انطبـاع بـأن آدم أول كائن مـن دم ولحـم، وكان الغـرض النهائي لذلـك أن يقدم يسـوع باعتبـاره «آدم الأخيـر» دمـه ذبيحـة نهائيـة وكافيـة تمامـاً عـن خطيـة الجنـس الآدمـي بجملتـه.

خدمة الملائكة

ما هي مجالات خدمة الملائكة؟

الملائكـة ليسـوا مجـرد أرواح وإنمـا هـم أرواحٌ خادمـة مرسـلة مـن اللـه لخدمـة شـعبه ومقاصـده: «أَلَيْسَ جَمِيعُهُمْ

أَرْوَاحاً خَادِمَةً مُرْسَلَةً لِلْخِدْمَةِ لأَجْلِ الْعَتِيدِينَ أَنْ يَرِثُوا الْخَلاَصَ!». (عبرانيين ١: ١٤). يقدم الكتاب المقدس عدة قصص عن ملائكة أرسلوا لخدمة أناس من الجنس الآدمي في وقت الحاجة.

الكلمة اليونانية التي يستخدمها العهد الجديد لكلمة ملاك هي «angelos» وهي تعني «**رسولاً**» وفقاً لما ذكرناه من قبل، كما أن الكلمة العبرية التي يستخدمها العهد القديم لكلمة «**ملاك**» هي «malach» وهي تعني «**خادم**». إذن فالملائكة هم خدام مرسلون (رسلٌ) للقيام بمهام خاصة. وفيما يلي بعض تلك المهام.

نقل الإعلانات

كان حمل الإعلانات التي تم تسجيلها بالفعل في شكل الأسفار المقدسة من بين المهام الجليلة المعيَّنة للملائكة. على سبيل المثال حمل الملائكة لزكريا النبي الرسائل الخاصة بأول ستة أصحاحات من سفره. كما أعطى الملائكة لدانيال أجزاء عديدة من سفره.

أما سفر الرؤيا، الذي هو ذروة جميع الأسفار فهو من أعظم الإعلانات التي أتى بها الملائكة: «**ثُمَّ قَالَ لِي هذِهِ الأَقْوَالُ أَمِينَةٌ وَصَادِقَةٌ وَالرَّبُّ إِلهُ الأَنْبِيَاءِ الْقِدِّيسِينَ أَرْسَلَ**

مَلاَكَهُ لِيُرِيَ عَبِيدَهُ مَا يَنْبَغِي أَنْ يَكُونَ سَرِيعًا.» (رؤيا ٢٢: ٦)، مما يشير إلى أن أحد الملائكة هو الذي نقل ليوحنا كل محتويات سفر الرؤيا.

يخبرنا يسوع نفسه بعد ذلك في هذا الأصحاح ذاته بوضوح: «**أَنَا يَسُوعُ أَرْسَلْتُ مَلاَكِي لأَشْهَدَ لَكُمْ بِهذِهِ الأُمُورِ عَنِ الْكَنَائِسِ**» (آية ١٦)

توصيل رسائل أخرى

يحوي الكتاب المقدس أيضاً أمثلة لملائكة أرسلهم الله برسائل عديدة لأفراد معينة. فعلى سبيل المثال، بينما كان زكريا يخدم في نوبته ككاهن في الهيكل، تلقى رسالة من أحد الملائكة يخبره فيها مسبقاً عن ميلاد يوحنا المعمدان (انظر لوقا ١: ١١ ـ ٢٥). ثم ظهر الملاك جبرائيل للعذراء مريم وبشرها بأنها ستحبل بابن وسيدعى اسمه يسوع (مخلص) (انظر لوقا ١: ٢٦ ـ ٢٨).

في الجزء الأخير من خدمة يسوع، وبينما كان في بستان جثسيماني، ظهر له ملاك يقويه في المحنة القادمة «**وَظَهَرَ لَهُ مَلاَكٌ مِنَ السَّمَاءِ يُقَوِّيهِ.**» (لوقا ٢٢: ٤٣).

خدمة القديسين على الأرض

في وصفه (لوقا١٦ : ١٩-٣١) لموت لعازر كَشَفَ يسوع النقاب باختصار عن الأحداث التالية: «**فَمَاتَ الْمِسْكِينُ وَحَمَلَتْهُ الْمَلاَئِكَةُ إِلَى حِضْنِ إِبْرَاهِيمَ**» (آية ٢٢).

كثيراً ما تستحوذ عليّ حقيقة مرافقة مجموعة من الملائكة للعازر، بالتأكيد كان بإمكان ملاك واحد أن يحمل ذلك الكيان الضئيل إلى محضر الله. ولكن الله كرمه بذلك الموكب، فقيم الله مختلفة تماماً عن قيمنا، فهو «**يُقِيمُ الْمِسْكِينَ مِنَ التُّرَابِ. يَرْفَعُ الْفَقِيرَ مِنَ الْمَزْبَلَةِ لِلْجُلُوسِ مَعَ الشُّرَفَاءِ وَيُمَلِّكُهُمْ كُرْسِيَّ الْمَجْدِ**» (١صموئيل٢: ٨).

يحذرنا يسوع من جهة أخرى قائلاً: «**إِنَّ الْمُسْتَعْلِيَ عِنْدَ النَّاسِ هُوَ رِجْسٌ قُدَّامَ اللهِ**» (لوقا١٦: ١٥). فليحفظنا الله من تقديم حياتنا لأمور هي رجس أمامه!.

تقديم الحماية

يعد إنقاذ خدام الله من الأخطار واحدة من الخدمات الكثيرة التي يقوم بها الملائكة. يمتلئ الكتاب المقدس بالكثير من الأمثلة على هذا الأمر، ويسجل لنا (دانيال ٣: ١٩-٢٥) كيف رفض شدرخ وميشخ وعبدنغو أن يعبدوا إله نبوخذ نصر

فألقاهم في الأتون المشتعل، مما يعني الموت الفوري. ولكن ظهر كائن رابع لم يذكر لنا الكتاب المقدس اسمه وحفظهم من كل أذى بحضوره فخرجوا من الآتون ليمجدوا الله، وبلا شك كان هذا الرابع ملاكاً.

فيما بعد رفض دانيال ألا يخل بالتزامه بالصلاة لإله إسرائيل من أجل مدينة أورشليم، ونتيجة لذلك ألقى في جب الأسود، انظر (دانيال ٦: ١٠-٢٣). ورغم ذلك، قضى دانيال مع الأسود ليلة مريحة أكثر من تلك التي قضاها داريوس الملك في قصره. وأكد دانيال ذلك للملك في الصباح التالي قائلاً: «**إِلَهِي أَرْسَلَ مَلاَكَهُ وَسَدَّ أَفْوَاهَ الأُسُودِ فَلَمْ تَضُرَّنِي**» (آية ٢٢).

يسجل لنا العهد الجديد حالات مشابهه تَدَخَّلَ فيها ملائكة لصالح شعب الله عندما كانوا في السجن. فيحكي لنا سفر الأعمال كيف أُلقي التلاميذ في السجن بسبب تبشيرهم بالإنجيل. ولكن فتح ملاك الرب أبواب السجن بطريقة خارقة، وقادهم للخروج وأغلق الأبواب خلفهم. ثم قال للرسل أن يذهبوا ويستمروا في تعليم الشعب في الهيكل.

كما يروي لنا (أعمال١٢: ٤-٩) كيف كان بطرس سجيناً في انتظار تنفيذ حكم الإعدام فيه. إلا أن ملاك الرب أيقظه من النوم، وفك قيوده، وأخرجه من السجن بسلام. أدرك

بطرس عند تلك النقطة أن هذا لم يكن حلماً وقال: «**الآنَ عَلِمْتُ يَقِيناً أَنَّ الرَّبَّ أَرْسَلَ مَلاَكَهُ وَأَنْقَذَنِي مِنْ يَدِ هِيرُودُسَ، وَمِنْ كُلِّ انْتِظَارِ شَعْبِ الْيَهُودِ**». (آية ١١)

يؤكد لنا كلٌّ من العهد القديم والعهد الجديد أن الله يتدخّل مستخدماً ملائكة في بعض الأوقات لصالح خدامه الذين يواجهون مواقف الخطر ومن ثَمَّ ينقذهم.

التدخل سياسياً

من بين الخدمات الأخرى الهامة للغاية التي يقوم بها الملائكة هو التدخل في الساحة السياسية سواء بالمساعدة على رفعة قادة أو بتنحيتهم جانباً، وذلك طبقاً لأوامر الله. فقد يطلق الملائكة قوتهم الخارقة في دعم القادة الذين يلتزمون بفعل مشيئة الله ذلك على الرغم من أن هؤلاء القادة قد لا يكونون خداماً له.

يقدم لنا سفر (دانيال ١١: ١) أحد الأمثلة البارزة في هذا الاطار وذلك باعتلاء داريوس المادي للسلطة كما يصفه لنا:(الذي يتكلم هنا ملاك) «**وَأَنَا فِي السَّنَةِ الأُولَى لِدَارِيُوسَ الْمَادِيِّ وَقَفْتُ لأُشَدِّدَهُ وَأُقَوِّيَهُ**».

كان داريوس أحد ملوك فارس الذين تبعوا كورش ووسع

إمبراطورية فارس في مختلف الاتجاهات. وقد ساعد في تنفيذ المرسوم الملكي الذي أصدره سلفه كورش، الذي كان قد فتح الطريق لليهود ليعودوا لأرضهم ولمدينة أورشليم.

كانت عودة اليهود لأورشليم أحد الأجزاء االأساسية والحيوية لإتمام مقاصد الله التاريخية. وقد أطلق الله قوات ملائكية في السماويات لتحقيق ذلك.

ولكن قد يكون تأثير التدخل الملائكي في أحداث التاريخ، سلبياً لا إيجابياً بالنسبة للذين يشملهم الحدث. فعلى سبيل المثال، ألقى هيرودس الملك في (أعمال ١٢: ٢٠-٢٣) خطبة متعجرفة على شعب صور وصيدا وقد قبل فيها المجد كإله. فما كان من الله إلا أن: «**فَفِي الْحَالِ ضَرَبَهُ مَلاَكُ الرَّبِّ لأَنَّهُ لَمْ يُعْطِ الْمَجْدَ لِلَّهِ، فَصَارَ يَأْكُلُهُ الدُّودُ وَمَاتَ**» (آية٢٣) وكان هناك تناقض واضح بين الإجلال الذي قبله هيردوس وبين الطريقة التي مات بها.

الإنقاذ في وقت الحاجة

لكن لا يهدف كل تدخل ملائكي إلى إحداث تغييرات تاريخية جوهرية. فكثيراً ما يرسل الله ملائكة لمساعدة أشخاص عاديين جداً للتعامل مع مواقف تفوق قدرتهم على التحكم.

تقدم قصة ليديا زوجتي الأولى، مثالاً جيداً على ذلك. ففي عام ١٩٢٩، عندما كانت ليديا تحيا بمفردها في أورشليم، كانت ذات يومٍ تسعي لتحمل طفلة يهودية رضيعة ومريضة اسمها «تيكفا Tikva» بعيدا عن أحداث الشغب التي اندلعت في الطريق المحيط بمنزلها. والجزء التالي هو مقتطفات من كتابي موعد في أورشليم « Appointment in Jerusalem»، تروي ليديا هذه القصة قائلة:

كنت أواجه كل مائة ياردة تقريباً، واحداً من الحواجز التي كونتها الصخور والأنقاض الأخرى المتجمعة عبر الطريق. وكنت أحاول تسلقها أو الزحف عليها أحياناً بطريقة مؤلمة حاملة «تيكفا» على كَتِفيَّ.

ووصلت بعد حوالي نصف الميل إلى حاجز أعلى من سائر الحواجز بحوالي قدمين أو ثلاثة أقدام، ليفصل ما بين المنطقة اليهودية والمنطقة العربية. وفي منتصف الطريق انزلقت قدمي من فوق حجر أملس وسقطت إلى القاع من جديد وانهارت الأحجار عليّ وكادت «تيكفا» تسقط من على كَتِفيَّ. وعندما أدركت أن قوتي تخور، وضعت «تيكفا» على الأرض وجلست جوارها على إحدى الصخور. وشعرت أنني قادرة على التسلق بطريقة ما لو كنت بمفردي. ولكن كيف لي أن أصعد ومعي «تيكفا»؟

فجأة، شعرت بأنني لم أعد بمفردي. فتوترت كل عضلة في جسدي. ألتفت سريعاً، فوجدت شاباً واقفاً على بعد أقدام قليلة مني. فكادت الصرخة تخرج من فمي إلا أن ذلك الشاب حمل «تيكفا» على كتفيه تماماً مثلما حملتها. ثم تسلق ذلك الحاجز دون أي مجهود ظاهر. وإذ قد تحررت من حمل «تيكفا»، نجحت في التسلق صعوداً خلفه.

وبمجرد أن تمكنت من الوقوف، بدأ ذلك الشاب بالسير في الطريق حاملاً «تيكفا» على أكتافه وتبعته من الخلف على بعد أقدام قليلة. نظرت لذلك الشاب عن قرب. وكان طوله حوالي ستة أقدام (١٨٠ سم)، يرتدي حلة من الطراز الأوربي، بالتأكيد لا ينتمي هذا الشاب للعرب. ربما كان يهودياً. ولكن من أين جاء؟ وكيف ظهر بجواري بهذه الطريقة المفاجئة؟

أما أكثر ما أدهشني فهو سلوك «تيكفا». فعادة ما تنخرط «تيكفا» في البكاء إذا ما حاول أحد الغرباء حملها. ولكنني لم أسمع منها أي همهمة طوال الوقت الذي حملها فيه ذلك الشاب. كما كانت مستريحة على كتفيه بنفس الرضا الذي تستريح به على أكتافي. في الواقع بدا كما لو أنها كانت مستمتعة!

سار ذلك الشاب بخطىً ثابتة لحوالي نصف الميل. ولم يتردد البتة فيما يتعلق بالطريق الذي يسلكه، بل سلك طريقاً مباشراً إلى «موسرارا» **Musrara**. وفي كل مرة نصل فيها إلى أحد الحواجز، يتسلقه أمامي، ثم ينتظر على جانب الطريق لفترة تكفي للتأكد من أنني تخطيته بسلام. وأخيرا وصل إلى محطة تقع مباشرة في مواجهة منزل السيدة «راتكليف» **Ratcliffe** فوضع «تيكفا» جانباً على الطريق واستدار عائداً في نفس الطريق الذي جئنا منه. ولم ينطق بكلمة واحدة طوال لقائنا، سواء للتحية أو للوداع. واختفى عنّا في لمح البصر...

سألتني السيدة «راتكليف» : كيف وصلت إلى هنا؟ فوصفت لها الرحلة والشاب الذي جاء لمعونتي...

فأجابت قائلة: استجاب الله لصلواتنا! فقد سألناه أن يرسل ملاكاً لحمايتك، وهذا بالتأكيد ما فعله!»

تعرفت على بعض المؤمنين المولودين ثانية من خلال إقامتي كضيف على إحدى الأسر التي تملك منزلاً لإضافة الغرباء لقاء أجر زهيد في «سكاربرج» في «يوركشير». وكانت لديهم ابنة غير متزوجة في نهاية العشرينات من عمرها ممن يمكن أن يطلق عليها ابنة «بسيطة». وكان

أحـد أعمالهـا المنزليـة اليوميـة هـو إلقـاء الفضـلات خارجـاً مـن الباب الخلفـي إلى طريـق جانبـي. ومـن وقـت لآخـر ينتظرهـا أحـد الرجـال، وكان حسـن الهنـدام جـداً كمـا كان يرتـدي قبعـة سـوداء مسـتديرة وصـدرة مزخرفـة بهـا سـاعة ذهبيـة الحلقـات. وكان يعطيهـا مبلغـاً معينـاً مـن المـال، كان يغطـي تمامـاً بعـض الفواتيـر المسـتحقة السـداد. ودام ذلـك لفتـرة طويلـة.

ثـم قـال لهـا فـي أحـد الأيـام وهـو يعطيهـا المـال: «لـن تحتاجـوا للمزيـد مـن الآن فصاعـداً» وثبـت صحـة ذلـك. فقـد ازداد دخـل الأسـرة بحلـول ذلـك الوقـت إلى مسـتوى كان يغطـي جميـع احتياجاتهـم الأساسـية.

مـا هـؤلاء إلا اثنيـن مـن الأشـخاص الذيـن قابلتهـم علـى مـر السـنين وكان لهـم ذلـك النـوع مـن الاتصـال مـع الملائكـة أي الاتصـال الواعـي. ويمكننـا التأكـد أن هـؤلاء الجنـود غيـر المنظوريـن يخدمـون اللـه نهـاراً وليـلاً فـي وسـطنا.

(٩)

الملائكة في الحرب

تقسم رسالة يسوع وخدمته جميع السامعين إلى فريقين: الذين يؤمنون ويطيعون أو الذين يرفضون ويتمردون. ولا يُفَرّق هذا التقسيم بين الطائعين والمتمردين من البشر فحسب، بل يصنف الملائكة أيضاً إلى فئتين هما: الذين يخضعون لسيادة يسوع والذين يرفضونه ويتمردون عليه.

يقدم لنا الكتاب المقدس عدة أمثلة عن ملائكة طائعين لله يخوضون حرباً ضد ملائكة متمردين على الله. ويلعب الملائكة دوراً حاسماً في الأحداث التي يصفها سفر دانيال. كما يعطي سفر الرؤيا أيضاً مكانة بارزة للملائكة. ومن المهم أن ندرك قيمة الدور الذي يلعبه الملائكة في الحرب الروحية لكي نفهم رسالة هذين السفرين.

هناك مسئوليات محددة لكل فئة من الملائكة. ينطبق هذا على كلٍّ من ملائكة الله وملائكة الشيطان. فعلى سبيل

المثال يُقَدَّم ميخائيل لدانيال على أنه «**الرَّئِيسُ الْعَظِيمُ الْقَائِمُ لِبَنِي شَعْبِكَ**» (دانيال ١٢: ١). بالتأكيد شعب دانيال هو أمة إسرائيل. واستمرت مسئولية ميخائيل عن إسرائيل حتى بعد سبيهم ولا تزال مستمرة إلى يومنا هذا. وكما ذكرت في الفصل السابق، فكلما تركز الأسفار على خدمة رئيس الملائكة ميخائيل، نخلصإلى أن إسرائيل هي نقطة مركزية في أحداث التاريخ على الأرض.

كما ذكرنا أن الشيطان لديه ملائكة وقد خصص لهم مجالات مسئولية محددة. ويمكنك أن تتذكر أن (دانيال ١٠: ١٣) يشير إلى «**رَئِيسُ مَمْلَكَةِ فَارِسَ**» الذين كان ملاكاً شيطانياً عَيَّنَه الشيطان لكي ينفذ مقاصده بالقوة في الأمة الفارسية.

في بعض الأحيان يتسبب هذا في دخول ملائكة الله وملائكة الشيطان في صراع مباشر مع بعضهم البعض. ونجد في هذا السياق أن أحد التعبيرات المميزة التي تنطبق على الملائكة هي «**وقف**». فعلى سبيل المثال يقول الملاك الذي يبلغ دانيال بالرسالة في سفر (دانيال ١١: ١) «**وَأَنَا** (يتحدث الملاك) **فِي السَّنَةِ الأُولَى لِدَارِيُوسَ الْمَادِيِّ وَقَفْتُ لأُشَدِّدَهُ وَأُقَوِّيَهُ**».

نقرأ في الأصحاح التالي: «وَفِي ذَلِكَ الْوَقْتِ يَقُومُ مِيخَائِيلُ الرَّئِيسُ الْعَظِيمُ الْقَائِمُ لِبَنِي شَعْبِكَ... وَفِي ذَلِكَ الْوَقْتِ يُنَجَّي شَعْبُكَ» (دانيال ١٢: ١).

ربما يمكننا ترجمة الكلمتين «يقف» و«يقوم» إلى «يتخذ موقفاً صامداً». فملائكة الله يتخذون مواقف صامدة في حالات معينة، مما يعني أنهم يؤكدون على السلطان الذي منحه لهم الله على مناطق معينة.

والصراعات الملائكية ليست بالمناوشات الصغيرة. فقد استمر الصراع بين جبرائيل والملاك الذي قاومه لمدة ٢١ يوماً. فما هي الأسلحة التي استخدموها؟ لا أجد أي وصف تفصيلي في الكتاب المقدس، ولكن انطباعي الشخصي هو أن ملائكة الله يفعلون ثلاثة أمور على الأقل وهي:

• يهتفون بالإعلانات

• يقدمون تسبيحاً

• يعبدون

بديهي أن يكون شعب الله مدعواً لاستخدام هذه الأنواع من الأسلحة تماماً مثل ملائكته.

والهتاف بالإعلانات هو أحد صور الحرب الروحية التي نادراً ما تفهمها الدوائر المسيحية اليوم. فهي إطلاقٌ لسلطان كلمة الله في مواجهة أي موقف. وقد يكون ذلك موقفاً في حياتنا الشخصية، أو ربما يكون موقفاً سياسياً. وأياً كان الموقف، فالشهادات بالإعلانات المناسبة هى من أكثر الطرق فاعلية لإطلاق قوة الله وسأعود لموضوع الإعلان بعد قليل.

الإعلان بدوره يجب أن يتبعه التسبيح. فإن كنا نؤمن حقيقة بالأمور التي نعلنها، فيجب إذاً أن تكون استجابتنا المنطقية لذلك هي تقديم التسبيح دون انتظار رؤية تحقيق تلك الأمور.

يقود التسبيح بدوره للعبادة، وذلك عندما لا نكون مرتبكين فيما بعد بالمشاكل التي نواجهها بل ننشغل ببساطة بالله نفسه. فليس للعبادة من غاية سوى الله، وإنما يكون هو نفسه كافياً للجميع.

تقدم طريقة قيادة يشوع لإسرائيل إلى ميراثهم في كنعان شرحاً وافياً للحرب عن طريق الإعلان والتي هي ربما أقل الأنواع الثلاثة للحرب فهماً. فقد كانت مدينة أريحا أول

الحصون الشيطانية التي وقفت ضدهم. وكان الهجوم المباشر على تلك الأسوار المنيعة سيتسبب في سقوط الكثير من الضحايا. لكن الله أظهر ليشوع إستراتيجية مختلفة تماماً هي: الإعلان الموحد الذي يهتف به شعب الله. وكان هذا هو السلاح الذي أسقط أسوار أريحا دون سقوط أي ضحايا من شعب إسرائيل.

إذا تخيلنا ملائكة الله وهم يهتفون بالإعلانات فقد نتساءل، وما الإعلانات المناسبة التي يهتف بها الملائكة؟ أعتقد أن جوهر جميع الإعلانات الفعالة هو أن نقتبس كلمة الله الخاصة ونكررها أمامه.

فمثلاً لو أن الأمر يتعلق بعودة شعب إسرائيل إلى أرض كنعان يكون الإعلان المناسب الذي ينطق به الملاك جبرائيل في هذه المناسبة يمكن أن يؤخذ من كلمات موسى في سفر (خروج٣٢: ١٣): **«اذْكُرْ إِبْرَاهِيمَ وَإِسْحَقَ وَإِسْرَائِيلَ عَبِيدَكَ الَّذِينَ حَلَفْتَ لَهُمْ بِنَفْسِكَ وَقُلْتَ لَهُمْ أُكَثِّرُ نَسْلَكُمْ كَنُجُومِ السَّمَاءِ وَأُعْطِي نَسْلَكُمْ كُلَّ هَذِهِ الأَرْضِ الَّتِي تَكَلَّمْتُ عَنْهَا فَيَمْلِكُونَهَا إِلَى الأَبَدِ»**.

يمكن لجبرائيل أن يذكر الرب بوعوده الخاصة التي

قدمها لأورشليم: «**وَلَكِنِّي أَذْكُرُ عَهْدِي مَعَكَ فِي أَيَّامِ صِبَاكِ، وَأُقِيمُ لَكِ عَهْداً أَبَدِيّاً**». (حزقيال١٦: ٦٠).

كما يمكنه إعلان أن الوعد ببناء أورشليم وثيق الصلة بعودة يسوع: «**إِذَا بَنَى الرَّبُّ صِهْيَوْنَ يُرَى بِمَجْدِهِ**» (مزمور١٠٢: ١٦) أو قد يمكنه التصريح بأن الله وعد كذلك بمستقبل أبدي لأورشليم: «**وَلَكِنَّ يَهُوذَا تُسْكَنُ إِلَى الأَبَدِ وَأُورُشَلِيمَ إِلَى دَوْرٍ فَدَوْرٍ**». (يوئيل٣: ٢٠).

وهذه أمثلة على الإعلانات الإيجابية المسجلة في الأسفار. ولكن الإعلان سيف ذو حدين. ويمكن أن يستخدم إما لمجد الله أو ضده. يدرك الشيطان جيداً قوة الإعلان لهذا يمطر البشرية بوابل من الإعلانات التي تنبع من مصادر تخضع لسيطرته.

وتعتبر بعض الديانات أحد المصادر الهامة لهذه الإعلانات، التي تستمد قوتها أساساً بنشر هذه الإعلانات السلبية باستمرار لتملأ بها الأجواء، و التي تحاول إنكار ألوهية المسيح بقولها (الله لا يحتاج الى ابن) ومثل هذه الإعلانات تسبب رفض الايمان بالمسيح في كل المنطقة التي يعلن فيها هذا النوع من الإعلانات السلبية، و ما هذا إلا

دليل واضح عن قوة الإعلان و لكن للأسف إنها هنا إعلانات قوى الظلمة بدلاً من النور.

وتعتبر الحرية العالمية أحد المداخل الأساسية المستخدمة للدعاية ضد الإله الحي من خلال السماح ببناء وإقامة العديد من المعابد الوثنية وقاعات الصلاة المخصصة للآلهة الغريبة المضادة لشخص المسيح الحي.

ومن خلال الدعاية والصلاة لهذه الديانات يتم تكوين سحابة من الإعلانات المضادة التي تحتوي على القوى المضادة للمسيح والمملوءة بالأرواح الشريرة.

يعد هتاف خدام الله بإعلانات إيجابية واحداً من أقوى الأسلحة التي أعطاها الله لشعبه..والروح القدس نفسه هو من يعطينا الجرأة لنهتف بمثل هذه الإعلانات:

«رُوحُ السَّيِّدِ الرَّبِّ عَلَيَّ، لأَنَّ الرَّبَّ مَسَحَنِي لأُبَشِّرَ الْمَسَاكِينَ، أَرْسَلَنِي لأَعْصِبَ مُنْكَسِرِي الْقَلْبِ، لأُنَادِيَ (أعلن بهتاف) **لِلْمَسْبِيِّينَ بِالْعِتْقِ، وَلِلْمَأْسُورِينَ بِالإِطْلاَقِ، لأُنَادِيَ** (أعلن بهتاف) **بِسَنَةٍ مَقْبُولَةٍ لِلرَّبِّ، وَبِيَوْمِ انْتِقَامٍ لإِلهِنَا»**. (إشعياء٦١: ١-٢).

ولا يزال لدينا كخدام لله، الكثير لنتعلمه عن قوة الهتاف، والتسبيح، والعبادة. فكثيراً ما نتباطأ في إعطائه المجد الذي

يستحقه. في داخلي شـوقٌ لرؤيـة ذلـك اليـوم الـذي سيسـتجيب فيـه جميـع الذيـن باركهـم اللـه بتقديـم المجـد لـه. وسـتصعد أغانـي الهتـاف والتهليـل مـن كل قـارة وجزيـرة إلـى السـماء. أعتقـد أنـه لا يمكننـا إدراك التأثيـر الشـامل لمثـل هـذه الإعلانات الهاتفـة. فبمجـرد أن يلمـس مجـد اللـه الأرض بهـذه الطريقـة لـن تظـل كمـا هي على الإطلاق.

(١٠)

الآن صار الخلاص!

يصور الأصحاح الثاني عشر من سفر الرؤيا أعظم انتصار سوف يحققه شعب الله بعد انتصار يسوع في المعركة التي خاضها ضد الشر بمفرده على صليب الجلجثة.

يصور هذا الأصحاح الحرب في مستويين، حيث يواجه الشيطان شعب الله بتحدٍ مزدوج. ففي السماويات يقاوم الشيطان وملائكته ميخائيل وملائكته، وعلى الأرض يسكب الشيطان تياراً من الشكايات المهينة ضد المؤمنين، متحدياً حقهم في التبرير (وتعني أبراراً) بإيمانهم بالمسيح، ويشتكي عليهم أمام الله نهاراً وليلاً.

من المتوقع منا كخدام للمسيح أن نستخدم كل الأسلحة الروحية التي أمدنا الله بها، ولكن لا يمكن استخدام هذه الأسلحة إلا عندما نعمل معاً في وحدة. ويمكننا أن نلاحظ أن الانتصار المسجل هنا لم يتحقق لشعب الله إلا عندما اتحدوا في

السماء وعلى الأرض، مقاومين للشيطان معاً يكشف التاريخ أن أقوى تكتيكات الشيطان فاعلية، والتي يعتمد عليها أكثر من غيرها، هي زرع الانشقاقات بين صفوف شعب الله.

بينما يقترب هذا الزمان من الانتهاء، يزداد الصراع الروحي ضراوة بين قوات الله وقوات الشيطان ليمتد إلى كل أرجاء العالم. ولكي نفهم ما يتطلبه منا هذا الصراع، فلا بد وأن نسأل أنفسنا لماذا يوجه الشيطان شكاياته ضدنا؟ وما هو غرضه؟

من الواضح أن الشيطان يريد أن يثبت أننا مذنبون. فالشعور بالذنب هو السلاح الأساسي للشيطان في جميع تعاملاته. وإن نجح في إثبات اتهاماته لنا، فلن نكون مؤهلين فيما بعد للحصول على بركات الله. ولن نكون أكفاء لخوض الحرب الروحية ضد الشيطان إن تُركْنا للعمل بأنفسنا.

لذلك، تؤكد لنا الأسفار المقدسة أن الله قد أعطانا الأسلحة الروحية التي نحتاجها لتلك الحرب الروحية، وأن تلك الأسلحة تضمن تحقيق الانتصار الكامل إذا استخدمت بطريقة صحيحة.

«لأَنَّنَا وَإِنْ كُنَّا نَسْلُكُ فِي الْجَسَدِ، لَسْنَا حَسَبَ الْجَسَدِ نُحَارِبُ، إِذْ أَسْلِحَةُ مُحَارَبَتِنَا لَيْسَتْ جَسَدِيَّةً، بَلْ قَادِرَةٌ بِاللهِ عَلَى

هَدْم حُصُونٍ. هَادِمِينَ ظُنُوناً وَكُلَّ عُلْوٍ يَرْتَفِعُ ضِدَّ مَعْرِفَةِ اللهِ، وَمُسْتَأْسِرِينَ كُلَّ فِكْرٍ إِلَى طَاعَةِ الْمَسِيحِ» (٢ كورنثوس ١٠: ٣ ـ ٥).

أعطانا الله أسلحة مناسبة لحروبنا. فحروبنا ليست جسدية أي أنها ليست في العالم الطبيعي أو المادي. ومن ثم فأسلحتنا أيضاً ليست جسدية أو مادية؛ فهي ليست طلقات رصاص أو مدافع أو دبابات أو طائرات وإنما هي أسلحة روحية لحروب روحية.

يخبرنا الرسول بولس في (الآية ٥) أننا نستطيع أن نهدم «كُلَّ عُلْوٍ يَرْتَفِعُ ضِدَّ مَعْرِفَةِ اللهِ» بهذه الأسلحة. يا لها من عبارة رائعة! وقد نقرأها عدة مرات دون أن ندرك أعماقها إدراكاً كاملاً. ولكن الله يخبرنا أنه يمكننا أن نصبح وكلاءه بهذه الأسلحة التي أعطانا إياها لنهدم أعلى علو يقاوم ملكوت الله وهو: مملكة الشيطان التي في السماويات.

يصور (رؤيا ١٢: ٧ ـ ٩) حرباً تدور في السماء يقاوم فيها ميخائيل وملائكته إبليس وملائكته:

«وَحَدَثَتْ حَرْبٌ فِي الْسَّمَاءِ. مِيخَائِيل وَمَلَائِكَتُه حَارَبُوا الْتِّنِينَ وَحَارَب الْتِّنِينُ وَمَلَائِكَتَهُ. وَلَمْ يَقْوُوا فَلَمْ يُوجَد مَكَانَهُم بَعْد ذَلِكَ فِي الْسَّمَاءِ. فَطُرِحَ الْتِّنِينُ الْعَظِيمُ الْحَيَّةُ الْقَدِيمَةُ

الْـمَدْعُو إبْلِيس وَالشَّيْطَان الَّـذِي يَضِـلُ الْعَـالَم كُلَّـهُ طُـرِحَ إلَى الأرْضِ وَطُرِحَـتْ مَعَـهُ مَلائِكَتُـهُ».

فيما أتأمل في ذلك الصراع، تخيلت نفسي في السماء. مع وجود كل جنود الله السماويين ليحيطوا بعرشه في سيمفونية من التسبيح. ثم صمت مطلق. وفجأة ترتفع ترانيم المؤمنين الذين يعبدون الله على الأرض إلى السماء. ويبدو صوتها مثيراً للشفقة بسبب ضعفها مقارنة بأصوات الملائكة القوية. ومع ذلك فقد شعرت أنها تساهم إسهاماً جوهرياً في تحقيق مقاصد الله.

تذكرت تلك الأعوام الخمسة التي قضيتها في شرق إفريقيا وكلمات الكورال المسيحي يردد ترنيمة أعتدنا أن نغنيها باللغة السواحيلية وهي تقول أن «قوة الشيطان قد هُزمت».

بعد فترة وجيزة سمعت صوت ملابس تصدر حفيفاً، ولكن لم أر أي تغير في المشهد الذي أمام عينيَّ. ثم علا حفيف الملابس رويداً رويداً. وأدركت فجأة أن صوت الحفيف هذا يصدر عن ملابس ملائكة الشيطان وهم يُطْرَدون من مواقعهم في السماء.

ثم سمعت صوتاً آخر مرتفعاً للغاية وهو زئير عال مستمر. وقد بدأ في مكان ما على مستوى السماء ولكنه بالتدريج اتخذ مساراً لولبياً هابطاً إلى الأرض. وبدا وكأنه ثائرٌ ثورة عارمة، ولكن أثناء هبوطه تغيرت نبرة صوته بالتدريج لأنين شديد وهو أنين عميق إلى درجة لا يمكن التعبير عنها بكلمات.

وفهمت فجأة مغزى ما كنت أسمعه. فلم يكن سوى صوت الشيطان وملائكته أثناء إجباره على التخلي عن عرشه في السماء واتخاذ موقعٍ آخر على مستوى الأرض.

تشير الأسفار المقدسة إلى أن الشيطان وملائكته لا زالوا يحتفظون بمكانتهم في السماء. ولن يطردوا من السماويات ويطرحوا إلى الأرض نهائياً إلا نتيجة للصراع المستقبلي الذي تم وصفه من قبل.

لن يكون هذا صراعاً بين الملائكة فحسب، إذ سيلعب المؤمنون دوراً في هذا الصراع: «**وَهُمْ** (المؤمنون الذين على الأرض) **غَلَبُوهُ بِدَمِ الْخَرُوفِ وَبِكَلِمَةِ شَهَادَتِهِمْ وَلَمْ يُحِبُّوا حَيَاتَهُمْ حَتَّى الْمَوْتِ**» (رؤيا ١٢: ١١).

من المهم لنا أن ندرك أن الانتصار في ذلك الصراع ضد

مملكة الشيطان لن يتحقق إلا بالعمل المشترك بين ملائكة الله في السماء والمؤمنين على الأرض، مما يدفعنا أن نسأل أنفسنا هل ندرك ونحن على الأرض ما يحدث في السماء وهل نحن مستعدون لكي نقوم بالدور الذي يجب علينا القيام به؟

هل يمكن أن يقال عنا نحن المسيحيين المؤمنين الذين على الأرض: «**وَلَمْ يُحِبُّوا حَيَاتَهُمْ حَتَّى الْمَوْتِ**»؟ فهذا هو التكريس الكامل. تخيل نفسك تواجه موقفاً ليس أمامك فيه إلا أن تختار ما بين أمرين إما: «أن تضع حياتك حتى الموت، أو تتخلى عن الشهادة ليسوع. أيهما تختار؟ بالنسبة لذلك النوع من المؤمنين الذين يصفهم (رؤيا ١٢: ١١) يكون إتمام مشيئة يسوع أكثر أهمية لهم من الاستمرار على قيد الحياة.

يشير التعليق الذي يتلو قصة طرد الشيطان من السماء، إلى أن هذا سيحدث بالقرب من نهاية هذا الزمان.

«**مِنْ أَجْلِ هَذَا افْرَحِي أَيَّتُهَا السَّمَوَاتُ وَالسَّاكِنُونَ فِيهَا. وَيْلٌ لِسَاكِنِي الأَرْضِ وَالْبَحْرِ لأَنَّ إِبْلِيسَ نَزَلَ إِلَيْكُمْ وَبِهِ غَضَبٌ عَظِيمٌ عَالِمًا أَنَّ لَهُ زَمَانًا قَلِيلاً**» (رؤيا ١٢: ١٢).

يفترض بعض من يقرأون قصة طرد الشيطان من السماء أن الأحداث التي تصفها لابد وأنها حدثت مباشرة بعد موت

المسيح وقيامته. ومع ذلك، فطبقاً للوصف السابق لا يمكن أن يكون هذا صحيحاً لأن إبليس عند تلك النقطة يعلم أن أمامه زماناً قليلاً. وقد مضى ألفا عام منذ موت المسيح وقيامته. ولا يمكن أن يوصف ذلك على أنه «زمان قليل».

بل على النقيض، يشير وصف الأحداث بأنها ستحدث في فترة قريبة جداً من نهاية الزمان الحاضر، لا منذ ألفي عام.

من المرجح أن يثبت هذا الصراع أنه الأشد ضراوة وشراسة من كل صراعاتنا ضد الشيطان. فعند هذه المرحلة سيدرك أن أمامه زماناً قليلاً. ومع نهاية هذا الزمان القليل يدرك تماماً أنه سيكون مقيداً في الهاوية كما يعلن (رؤيا ٢٠ : ١-٣).

«وَرَأَيْتُ مَلاكًا نَازِلًا مِنَ السَّمَاءِ مَعَهُ مِفْتَاحُ الْهَاوِيَةِ وَسِلْسِلَةٌ عَظِيمَةٌ عَلَى يَدِهِ. فَقَبَضَ عَلَى التِّنِّينِ الْحَيَّةِ الْقَدِيمَةِ الَّذِي هُوَ إِبْلِيسُ وَالشَّيْطَانُ وَقَيَّدَهُ أَلْفَ سَنَةٍ وَطَرَحَهُ فِي الْهَاوِيَةِ وَأَغْلَقَ (عَلَيْهِ)».

ومع ذلك فحتى الهاوية ليست وجهته الأخيرة. بل تكشف (آية ١٠) من نفس الأصحاح وجهة الشيطان الأبدية والنهائية.

«**وَإِبْلِيسُ الَّذِي كَانَ يُضِلُّهُمْ طُرِحَ فِي بُحَيْرَةِ النَّارِ وَالْكِبْرِيتِ حَيْثُ الْوَحْشُ وَالنَّبِيُّ الْكَذَّابُ وَسَيُعَذَّبُونَ نَهَارًا وَلَيْلاً إِلَى أَبَدِ الآبِدِينَ**» .

يحتوي سفر (الرؤيا ١٢: ١١) على حقيقة هامة للغاية. إذ يكشف الأسلحة التي يحقق بها المؤمنون على الأرض النصرة وهي: «**بِدَمِ الْخَرُوفِ وَبِكَلِمَةِ شَهَادَتِهِمْ**». والخروف هو بالتأكيد «**حَمَلُ اللّهِ الَّذِي يَرْفَعُ خَطِيَّةَ الْعَالَمِ**» أي الرب يسوع المسيح. (يوحنا ١: ٢٩).

عندما نتعلم أن نشهد عن عمل دم يسوع نحصل على النصرة بدمه، مما يضع علينا جميعنا مسئولية واضحة وعملية ألا وهي: أنه يجب علينا كمؤمنين أن نشهد شخصياً عما تخبرنا كلمة الله أن دم يسوع فعله لنا.

ربما تكون الصورة العظمى في العهد القديم عن دم المسيح وقوته هي ذبيحة خروف الفصح التي فرضها الله على الإسرائيليين عندما كانوا في مصر. فقد جعل الله كل أب إسرائيلي مسئولاً عن اختيار خروف وذبحه ووضع دمه على باب المنزل. وها هي طريقة التنفيذ ذلك:

«**وَيَكُونُ (الخروف) عِنْدَكُمْ تَحْتَ الْحِفْظِ إِلَى الْيَوْمِ الرَّابِعَ**

عَشَرَ مِنْ هَذَا الشَّهْرِ. ثُمَّ يَذْبَحُهُ كُلُّ جُمْهُورِ جَمَاعَةِ إِسْرَائِيلَ فِي الْعَشِيَّةِ. وَيَأْخُذُونَ مِنَ الدَّمِ وَيَجْعَلُونَهُ عَلَى الْقَائِمَتَيْنِ وَالْعَتَبَةِ الْعُلْيَا فِي الْبُيُوتِ الَّتِي يَأْكُلُونَهُ فِيهَا». (خروج ١٢: ٦-٧).

ويشرح الله لشعب إسرائيل في الآيات التالية ضرورة هذا قائلاً:

«فَإِنِّي أَجْتَازُ فِي أَرْضِ مِصْرَ هَذِهِ اللَّيْلَةَ وَأَضْرِبُ كُلَّ بِكْرٍ فِي أَرْضِ مِصْرَ مِنَ النَّاسِ وَالْبَهَائِمِ. وَأَصْنَعُ أَحْكَاماً بِكُلِّ آلِهَةِ الْمِصْرِيِّينَ. أَنَا الرَّبُّ. وَيَكُونُ لَكُمُ الدَّمُ عَلاَمَةً عَلَى الْبُيُوتِ الَّتِي أَنْتُمْ فِيهَا فَأَرَى الدَّمَ وَأَعْبُرُ عَنْكُمْ فَلاَ يَكُونُ عَلَيْكُمْ ضَرْبَةٌ لِلْهَلاَكِ حِينَ أَضْرِبُ أَرْضَ مِصْرَ». (آيات ١٢-١٣).

أعطى الله تفاصيل دقيقة عن استخدام الدم. ومن الواضح أنك لو ذبحت خروفاً في العراء فسوف يسيل دمه على الأرض ولن يُحفظ لأي غرضٍ خاصٍ. لكن الكتاب المقدس يوضح أنه عند ذبح خروف الفصح، يجب الاحتفاظ بدمه في وعاء بحرص حتى يمكنهم استخدامه بطريقة مناسبة:

«فَدَعَا مُوسَى جَمِيعَ شُيُوخِ إِسْرَائِيلَ وَقَالَ لَهُمْ: اسْحَبُوا وَخُذُوا لَكُمْ غَنَماً بِحَسَبِ عَشَائِرِكُمْ وَاذْبَحُوا الْفِصْحَ. وَخُذُوا بَاقَةَ زُوفَا وَاغْمِسُوهَا فِي الدَّمِ الَّذِي فِي الطَّسْتِ وَمُسُّوا الْعَتَبَةَ

الْعُلْيَا وَالْقَائِمَتَيْنِ بِالدَّمِ الَّذِي فِي الطَّسْتِ. وَأَنْتُمْ لاَ يَخْرُجْ أَحَدٌ مِنْكُمْ مِنْ بَابِ بَيْتِهِ حَتَّى الصَّبَاحِ» (آيات ٢١ ـ٢٢).

لا يحصل شعب إسرائيل على الحماية إلا بدم الخروف وحده. فلم يُنقذ بنو إسرائيل لمجرد أنهم بنو إسرائيل، فكونهم نسل إبراهيم لم يَحْمِهِمْ. ولكن الشيء الوحيد الذي حماهم هو وفاؤهم بمتطلبات الله بدم الحمل.

عندما يُذبح الخروف ويُحتفظ بدمه في وعاء، تصبح الذبيحة تامة والدم متاحاً. ولكن إن بقي الدم في الوعاء، فهذا لن يحمي أسرة إسرائيلية واحدة. إذ كان من الممكن أن يذبحوا جميعاً خروفاً واحداً ويحتفظون بدمه في الوعاء. ولو فعلوا هذا لأتى عليهم نفس القضاء الآتي على المصريين.

طلب الله من الإسرائيليين أن ينقلوا الدم من الوعاء إلى أبرز مكان في كل بيت إسرائيلي وهو: الباب الأمامي، فلابد وأن يضعوا الدم على العتبة العليا والقائمتين من الخارج حيث يمكن أن يراه بوضوح كل من يمُرُّ عليهم. لكن هناك مكان واحد لا يسمح مطلقاً بوضع الدم عليه وهو: العتبة السلفى للمنزل. فلم يكن مسموحاً لأي إسرائيلي أن يطأ بقدميه ذلك الدم المقدس.

قَالَ اللّه «فَحِينَ يَرَى (الله) الدَّم عَلَى الْعَتَبَةِ الْعُلْيَا وَالْقَائِمَتَيْنِ يَعْبُرُ الرَّب عَنْ الْبَابِ وَلا يَدَع الْمُهْلِك يَدْخُل بُيُوتَكُم لِيَضْرِب» (انظر آية ٢٣) لهذا يطلق على هذه المناسبة «الفصح» (كلمة فصح تعني عبور).

عندما ينقل الدم من الوعاء إلى باب البيت تحصل الأسرة الإسرائيلية التي تعيش داخل البيت على الحماية. ويوضح لنا كل ذلك ما هي الأمور المتاحة لنا بذبيحة يسوع الذي يسمى «فصحنا» فعلياً في (١كورنثوس ٥: ٧): **«لأَنَّ فِصْحَنَا أَيْضاً الْمَسِيحَ قَدْ ذُبِحَ لأَجْلِنَا»**.

وهكذا يعتبر خروف الفصح الذي ذُبح في مصر رمزاً واضحاً للرب يسوع بصفته حمل الله. والنقطة التي يجب أن نؤكد عليها وعلى أهميتها الشخصية الجوهرية لكل منا، هي أن الحمل الذي هو يسوع قد ذُبح بالفعل. وقد سُفك دمه بالفعل. فالدم الموجود في الوعاء يرسم صورة دم يسوع الذي سُفك عنا بالفعل وهذا لكي نرى التشابه بين العهد القديم والعهد الجديد.

ولكن كما أن الدم الذي يبقى في الوعاء لم يَحْمِ عائلة إسرائيلية واحدة، فحقيقة موت المسيح وسفك دمه على الصليب لا تحمي الآن شخصاً واحداً. فليس من نفع لأي

منا لمجرد وجود حقيقة موت المسيح وسفك دمه. فقد كان على الإسرائيليين في أرض مصر أن يأخذوا هذا الدم من الوعاء ويرشوه على منازلهم والأماكن التي يعيشون فيها وأماكن الاحتياج. وهكذا عندما يتم نقل الدم ووضعه بهذه الطريقة يصبح فعالاً.

هكذا أيضاً الحال بالنسبة لي ولك، إذ نؤمن بيسوع المسيح، ونؤمن أنه حمل الله، ونؤمن أن دمه قد سُفك وأن كل ما نحتاجه وهو الخلاص الكامل، متاحٌ لنا بدمه. ولكن إن بقي الدم «**في الوعاء**» فلن يجدي. فهو بركة كامنة، ولكن ما لم نستخدمه بفاعلية، فلن يحقق شيئاً إيجابياً.

رأينا أن الله أعطى الإسرائيليين بموجب العهد القديم، وسيلة واحدة فقط لنقل الدم إلى المكان اللازم وهي: «**باقة زوفا**». ولا يوجد شيء جميل أو رومانسي في باقة الزوفا، حيث أن هذا النبات ينمو في كل مكان في الشرق الأوسط كما أنه متاحٌ للفقراء والأغنياء على حدٍّ سواء. وكان على الإسرائيليين أن يقطفوا الزوفا، ويغمسوه في الدم الذي في الوعاء ثم يطبعون الدم على الباب أي على العتبة العليا والقائمتين لمنازلهم. هكذا ينقل الدم من الوعاء إلى المنزل.

لا نستخدم الزوفا في العهد الجديد. وإنما أعطانا الله شيئاً يماثل الزوفا. فما الذي يجعل الدم متاحاً وفعالاً في مواقفنا؟ نجد الإجابة في (رؤيا ١٢: ١١) «**وَهُمْ غَلَبُوهُ** (المشتكي) **بِدَمِ الْخَرُوف وَبِكَلِمَةِ شَهَادَتِهِم**».

عندما أشهد عن الدم، فإني على الموقف الذي أنا فيه. وتتشابه شهادتي عن الدم في العهد الجديد مع الأب الإسرائيلي الذي يغمس الزوفا في الوعاء ويطبعها على قائمتي الباب في العهد القديم. وعندما نستعمل الدم بهذه الطريقة، تكون حمايته تامة.

هكذا الحال معك ومعي. فهناك حماية شاملة وتامة في دم الحمل الذي هو الرب يسوع المسيح. ولكنه لا يحمي أيّاً منا ما لم نستخدمه. وحتى نتعلم أن نشهد شخصيّاً عما تقوله كلمة الله عن عمل دم يسوع لنا، فلن يفيدنا الدم في أي شيء. ولا تغير ثقتنا أي شئ حتى تنضم إليها شهادتنا الشخصية.

لكن في اللحظة التي نشهد فيها، سيستخدم الشيطان كل ما يمتلكه ليفزعنا، و ليجعلنا نشعر بالخجل والحرج والخزي. وسيفعل كل ما بوسعه ليمنعنا من أن ننطق بأي شهادة واضحة وجريئة كتابية عن دم يسوع. لكن عندما

نشهد، فإننا نُشْهِرُ سلاحاً لا يمتلك إبليس أي أسلحة مضادة له. فدم خروف الفصح يصد المهلك ولا يسمح له بالاقتراب من العائلة التي تحتمي خلفه. وكذلك دم يسوع له نفس الفاعلية بالنسبة لنا اليوم.

تذكر حقيقة واحدة مهمة عن المؤمنين اللذين يصفهم (رؤيا ١٢: ١١) «**وَلَمْ يُحِبُّوا حَيَاتَهُم حَتَّى الـمَوْت**» فهل ينطبق هذا عليّ وعليك؟

يصف لنا (رؤيا ١٢: ١٠) تلك النصرة التي تنتظرنا كمؤمنين:

«**وَسَمِعْتُ صَوْتًا عَظِيمًا قَائِلًا فِي السَّمَاءِ الآنَ صَارَ خَلَاص إِلَهِنَا وَقُدْرَتُهُ وَمُلْكُهُ وَسُلْطَانُ مَسِيحَهُ لأَنَّهُ قَدْ طُرِحَ الـمُشْتَكِي عَلَى إِخْوَتِنَا الَّذِي كَانَ يَشْتَكِي عَلَيْهِمْ أَمَامَ إِلَهِنَا نَهَارًا وَلَيْلًا**».

تنتظر السماء كلها أن نظفر بذلك الانتصار. فيسوع قد قدم لنا الخلاص بالفعل. ولكن لا نختبره فعلياً إلا عندما نجعله يعمل في حياتنا. وعندها فقط تستجيب السماء وتقول: «**الآن قد جاء الخلاص**».

هكذا أيضاً الحال في حياة كل مؤمن بمفرده. فقد ظفر يسوع بالانتصار لنا على الجلجثة، لكن الخلاص لا يحدث

لكلٍّ منا بصفة شخصية إلا عندما نتمم شروط الأسفار المقدسة ونطبق انتصاره في حياتنا.

ينطبق هذا على كل شعب الله مجتمعين وكل منا بشكل فردي. فلا نحصل على الخلاص إلا عندما تنطلق قوة دم يسوع فعلياً لتعمل فينا. وعندئذ فقط نقول بصدق «الآن قد تحقق الخلاص».

إن أردنا أن نغلب الشيطان بالشهادة الشخصية عَمّا تقوله الكلمة بخصوص عمل الدم لنا، فأحد المتطلبات الجوهرية لذلك هي ضرورة أن نعلم ما تقوله الكلمة عن الدم. وإلا لن تكون لنا شهادة.

(١١)

بدم الحمل

عندما أدركت مدى أهمية الشهادة الشخصية المستمرة والثابتة عن دم يسوع بحثت في الأسفار المقدسة لأعرف ما يتطلبه ذلك مني. سأشاركك بخمسة مقاطع فعالة للغاية.

الفداء

الفقرة الأولى هي (أفسس ١: ٧) «**الَّذِي فِيهِ لَنَا الْفِدَاءُ، بِدَمِهِ غُفْرَانُ الْخَطَايَا، حَسَبَ غِنَى نِعْمَتِهِ**».

أولاً: يجب أن نكون في المسيح لكي نحصل على هذه الامتيازات، بمعنى أنك تتخلى عن اعتمادك على نفسك ثُمّ تقدم ليسوع تكريساً غير مشروط. عندما نكون في المسيح، فلنا الفداء بدمه. وأن يفدي يعني «أن يسترد بالشراء، وأن يدفع فدية». **ثانياً:** كنا في أيدي إبليس أي كنا عبيداً لإبليس. ولكن يسوع دفع على الصليب دمه فدية لكي يستردنا لله.

كما يؤكد (١ بطرس ١: ١٨- ١٩) هذا الكلام:

«... عَالِمِينَ أَنَّكُمُ افْتُدِيتُمْ لاَ بِأَشْيَاءَ تَفْنَى، بِفِضَّةٍ أَوْ ذَهَبٍ، مِنْ سِيرَتِكُمُ الْبَاطِلَةِ الَّتِي تَقَلَّدْتُمُوهَا مِنَ الآبَاءِ، بَلْ بِدَمٍ كَرِيمٍ، كَمَا مِنْ حَمَلٍ بِلاَ عَيْبٍ وَلاَ دَنَسٍ، دَمِ الْمَسِيحِ».

فقبل أن نأتي إلى المسيح، عشنا حياة غير نقية، ذلك على الرغم من أنه ربما مارسنا عادات دينية. إلا أننا كنا في قبضة الشيطان، وكنا تحت الدينونة بسبب خطايانا كما كنا مُعَرَّضين لهجمات العدو المفترس والمهلك.

لكن الله استردنا له! وكيف ذلك؟ لا بشيء سوى بدم يسوع المسيح الثمين حمل الله المذبوح، بلا عيب أي بلا خطية أصلية، ولا دنس أي بلا خطية شخصية. إذ كان حمل الله الذي بلا خطية الذي وُضعت عليه خطايا العالم. وقد افتدانا بدمه. لهذا لا يمكن دفع أي ثمن آخر لفدائنا.

فما هي الاستجابة التي يتوقعها منا الله؟ «**لِيَقُلْ مَفْدِيُّو الرَّبِّ الَّذِينَ فَدَاهُمْ مِنْ يَدِ الْعَدُوِّ**» (مزمور ١٠٧: ٢).

يتوقع الله منا أن نجاهر بمعرفته. فعلينا أن نقول إننا مفديون. كما توضح هذه الفقرة من الأسفار ممن افتدانا

الـرب. إذ افتدانـا مـن يـد العـدو. ومـن هـو العـدو؟ إبليـس هـو هـذا الخصـم وفقاً لما يعلنـه الكتـاب المقـدس. فقـد كنـا في يـد إبليـس ولكـن دم يسـوع اشـترانا مـن يـده.

إذا فمـا هـي **شـهادتنا الأولى** فـي ضـوء (أفسـس ١: ٧، ومزمـور ١٠٧: ٢) ؟ **بدم يسوع أنا قد افتديت من يد إبليس.**

كلما اعترفت بهذا، زادت فعاليته في حياتك! فالنطق بهذا الاعتراف له نفس تأثير وضع الدم على قائمتي باب قلبك.

غفران الخطايا

يقـدم (أفسـس ١: ٧) إعلانـاً آخـر عـن الـدم وهـو: «**الَّذِي فِيهِ لَنَا الْفِدَاءُ، بِدَمِهِ غُفْرَانُ الْخَطَايَا، حَسَبَ غِنَى نِعْمَتِهِ**».

إذاً، فقـد اشـترى لنـا اللـه شـيئاً آخـر بـدم يسـوع، وهـو غفـران خطايانـا. يتفـق هـذا مـع مـا قالـه يسـوع فـي العشـاء الربانـي عندمـا أعطـى لتلاميـذه الكـأس الـذي يرمـز لدمـه: «**لأَنَّ هَذَا هُوَ دَمِي الَّذِي لِلْعَهْدِ الْجَدِيدِ الَّذِي يُسْفَكُ مِنْ أَجْلِ كَثِيرِينَ لِمَغْفِرَةِ الْخَطَايَا**». (متى ٢٦: ٢٨)

يتأكـد هـذا فـي (عبرانييـن ٩: ٢٢): «**وَكُلُّ شَيْءٍ تَقْرِيباً يَتَطَهَّرُ حَسَبَ النَّامُوسِ بِالدَّمِ، وَبِدُونِ سَفْكِ دَمٍ لاَ تَحْصُلُ مَغْفِرَةٌ**».

سـفك يسـوع دمـه لغفـران خطايانـا. جمـع بولـس هذيـن الأمريـن فـي (أفسـس ١: ٧):

* الفداء بدمه
* غفران الخطايا

لذلـك، مـن المهـم أن نفهـم أننـا نحصـل علـى حقـوق الفداء الكاملة فقط طالما غُفرت خطايانا. فإن كانت جميـع خطايانـا قـد غفـرت فلنـا حقـوق الفـداء كلهـا. لكـن إن كانـت هنـاك خطيـة غيـر معتـرف بهـا أو غيـر مغفـورة فـي حياتنـا فليـس لنـا حقـوق الفـداء الكاملـة فـي هـذه الدائـرة. ويكـون للشـيطان حـق فـي المطالبـة بهـا.

برهنـت علـى ذلـك عـدة مـرات عندمـا خدمـت هـؤلاء الذيـن يحتاجـون للتحريـر مـن أرواح شـريرة. فلـو كان للشـيطان حـق قانونـي ضـد شـخص مـا، فلـن يتنـازل عنـه. يمكنـك أن تصـرخ فـي وجهـه، وتصـوم لمـدة أسـبوع، وتدعـو واعظـاً ممسـوحاً بالـروح القـدس، ويمكنـك أن تفعل مـا تشـاء، ولكـن ذلـك لـن يغيـر إبليـس لأنـه يعلـم أن لـه حقـاً قانونيـاً فـي تلـك المنطقـة.

أود أن أذكـر طريقـة أخـرى شـائعة يعطـي بهـا المؤمنـون للشـيطان حقـاً قانونيـاً فـي حياتهـم الخاصـة وهـي: فشـلهم فـي الغفـران للآخريـن. بعدمـا علـم يسـوع تلاميـذه الصـلاة الربانيـة

في (متى ٦: ١٤-١٥)، حذرهم قائلاً:

«فَإِنَّهُ إِنْ غَفَرْتُمْ لِلنَّاسِ زَلاتِهِمْ يَغْفِرْ لَكُمْ أَيْضاً أَبُوكُمُ السَّمَاوِيُّ، وَإِنْ لَمْ تَغْفِرُوا لِلنَّاسِ زَلاتِهِمْ لاَ يَغْفِرْ لَكُمْ أَبُوكُمْ أَيْضاً زَلاتِكُمْ».

ليس لنا الحق في المطالبة بغفران الله بما يفوق المقدار الذي نغفر به للآخرين .إذا فإن كان هناك أي إنسان لم نغفر له بالكامل، فبنفس المقياس وطبقاً لذلك لا يغفر لنا الله. فمنطقة عدم الغفران تلك في حياتنا هي إحدى المناطق التي يكون فيها للشيطان حق قانوني. ولا يمكننا طرده إلا بعدما نلغي حقه ونغفر للشخص أو الأشخاص الذين يجب أن نغفر لهم.

تذكر أن الفداء يصاحب غفران خطايانا. فإن غُفرت جميع خطايانا، فلنا كل حقوق الفداء، ولا يكون للشيطان أي حق قانوني واضح ضدنا. أما إن لم نتصد للخطية في بعض مجالات حياتنا، فلا يزال للشيطان حق قانوني في ذلك المجال. وبغض النظر عمن يكون الخادم الممسوح بالروح الذي نطلب منه أن يصلي لنا، فلن يخرج إبليس لأنه يعلم أن له حقاً قانونياً في احتلال تلك الأراضي. فإبليس خبير قانوني. إذاً، فمن المهم جداً أن نعرف شروط الله للغفران الكامل وأن نستوفي تلك الشروط.

إذا لَخَّصْنَا النص المذكور في (أفسس ١: ٧)، نصل لنتيجتين هما: **أولاً:** يجب علينا أن نكون راغبين في الاعتراف بجميع خطايانا والإقلاع عنها، **وثانياً:** يجب علينا أن نكون راغبين في الغفران الكامل لجميع من أخطأوا إلينا أو أساؤا إلينا أو أذونا.

ويمكن عندئذ - وعندئذ فقط - أن تكون **شهادتنا الثانية** هي:

بدم يسوع صارت جميع خطاياي مغفورة

التطهير

نجد الإعلان الثالث عن الدم في (١ يوحنا ١: ٧): «**وَلَكِنْ إِنْ سَلَكْنَا فِي النُّورِ كَمَا هُوَ فِي النُّورِ، فَلَنَا شَرِكَةٌ بَعْضِنَا مَعَ بَعْضٍ، وَدَمُ يَسُوعَ الْمَسِيحِ ابْنِهِ يُطَهِّرُنَا مِنْ كُلِّ خَطِيَّةٍ**».

تكشف هذه الفقرة عن ثلاثة أمور مرتبطة معاً في كلمة الله ولا يمكن أن تنفصل، وهي:

- **السلوك في النور**
- **الشركة مع بعض**
- **والتطهير بدم يسوع**

تعاملت مع عشرات الأشخاص الذين يَدَّعون حصولهم على التطهير والحماية بالدم، ولكنهم لا يحيون تلك الحياة التي تعطيهم الحق في نوال ذلك. وطبقاً لتلك الآية، فإن تطهير دم يسوع المسيح لنا هو نتيجة تتحقق بعد استيفائنا شرطاً تسبقه كلمة إن: «**إِنْ سَلَكْنَا فِي النُّورِ**». ويتبعه أمران وهما: **أولاً**: تكون لنا شركة مع بعضنا البعض **وثانياً**: دم يسوع يطهرنا من كل خطية.

يتبع ذلك نتائج منطقية معينة وهي:

إن لم نسلك في شركة مع المؤمنين الآخرين، فإن ذلك دليل على عدم سلوكنا في النور. وإن لم نسلك في النور لا يمكننا المطالبة بتطهير دم يسوع. لذلك نصل لتلك النتيجة: إن كنا بعيدين عن الشركة، فنحن بعيدون عن النور وإن كنا بعيدين عن النور، فالدم لا يطهرنا فيما بعد. فدم يسوع يطهر في النور فقط.

للأسف، يخدع الكثير من المؤمنين أنفسهم فيما يتعلق بحقهم في الاقتراب إلى دم المسيح . فهم دائماً يرددون الجزء الأخير من (١يوحنا ١: ٧)، ولكنهم في كثير من الحالات لا يتممون أبداً ذلك الشرط الذي يسبقه «**إن سلكنا في النور كما هو في النور**».

إذاً، فالدليل على سلوكنا في النور هو أننا في شركة بعضنا مع بعض وأن نكون بعيدين عن الشركة يعني أننا بعيدون عن النور. وأن نكون بعيدين عن النور يعني أننا لم نعد نتمتع بتطهير دم يسوع.

فالشركة هنا ذات اتجاهين. **أولاً:** شركة مع الله و**ثانياً:** شركة مع المؤمنين الآخرين. مما يجعل شركتنا مع الله ومع بعضنا البعض على قدر كبير من الأهمية في حياتنا. **فكلما ازدادت الشركة مع الله ازداد النور.** عندما ننضج في المسيح، فإننا نصل لمكان ليس فيه ظلال، أو أركان مظلمة، أو أمور مخيفة، أو أمور سرية. والنور مكان مفزع جداً للإنسان الطبيعي! فهو مكان الشفافية. ولكنه المكان الوحيد الذي يتمم فيه دم يسوع عمله الكامل للتطهير. فأن نطالب بالحق في تطهير دم يسوع دون إتمام تلك الشروط الأولية يعني أن نجعل الدم رخيصاً. ودم يسوع ليس رخيصاً. بل هو أثمن شئ في الوجود.

أخي وأختي الأعزاء، ليس أمامكم أي بديل عن المجيء إلى النور. فما معنى أن تأتي إلى النور؟ أن تعترف بخطاياك أولاً لله ثم لمن أخطأت إليه. اكشف كل شيء.

هل هذا صعب على الناس؟ الإجابة هي نعم! فالنور لامع

جداً لذلك نميل إلى الابتعاد عنه قائلين: لا يمكنني النطق بهذا الأمر المزعج بصراحة أو لا أستطيع الحديث عن هذه الذكرى الرهيبة، وهذا الذنب المختبئ، لا يمكنني أن أكشف للنور هذه العادة التي تستعبدني. فالإنسان الطبيعي ينفر من هذا. لكن إليك هذا السر الرائع فهو: عندما تنكشف خطيتك للنور، دم يسوع يغسلها ويجعل الكل نظيفاً.

يقول الله هذا الأمر فعلياً في (إرميا ٣١: ٣٤): «**لأَنِّي أَصْفَحُ عَنْ إِثْمِهِمْ وَلاَ أَذْكُرُ خَطِيَّتَهُمْ بَعْدُ**».

ذاكرة الله ليست ضعيفة وإنما لديه «ممحاة» خارقة تخفي تماماً ذكرى الخطية بمجرد أن يغفرها. ومن ناحية أخرى، فإن لم تأتِ بخطيتك للنور، فسوف تظل خطيتك تسيطر عليك. فضع في اعتبارك من جديد ذلك المبدأ العظيم: أن دم يسوع يطهر في النور فقط.

لنفترض أننا استوفينا تلك الشروط، أي أننا: نسلك في النور، ولنا شركة مع المؤمنين الآخرين. إذاً، فلنا الحق في أن نقدم تلك **الشهادة الثالثة:**

دم يسوع المسيح ابن الله يطهرني من جميع خطاياي الآن وباستمرار.

ومن المهم جداً أن ندرك أن هذا الموضوع يحدث في زمن المضارع المستمر. فالدم يطهرنا باستمرار طالما نسلك في النور باستمرار. فهما عمليتان مستمرتان. عندما نستمر في السلوك في النور، نستمر في استقبال تطهير الدم. وهذا هو العمل الكامل للتطهير الذي يقوم به الدم.

التبرير

تقدم (رومية٥: ٨ ـ ٩) الإعلان الرابع عن الدم:

«**وَلَكِنَّ اللهَ بَيَّنَ مَحَبَّتَهُ لَنَا لأَنَّهُ وَنَحْنُ بَعْدُ خُطَاةٌ مَاتَ الْمَسِيحُ لأَجْلِنَا .فَبِالأَوْلَى كَثِيرًا وَنَحْنُ مُتَبَرِّرُونَ الآنَ بِدَمِهِ نَخْلُصُ بِهِ مِنَ الْغَضَبِ**».

نستمد إعلاننا من العبارة الوسطى في (رومية٥: ٩): «**نَحْنُ مُتَبَرِّرُونَ الآنَ بِدَمِهِ** (يسوع)». ومتبرر هي إحدى المصطلحات الروحية التي يستخدمها الناس كثيراً ولكنهم لا يفهمونها؛ والبعض الآخر يخاف منها. ففكر في الأمر بهذه الطريقة: كلما قرأت كلمة «متبرر» يمكنك أن تستبدلها بكلمة «بار». ويمكنك أن تطبق هذا على كل من العبرية التي كُتب بها العهد القديم واليونانية التي كُتب بها العهد الجديد. فعندما تتعلق القضية بأمور قانونية تستخدما كلمة

«متبرر»، أما عندما يكون الحديث عن الحياة العملية فإنهما تستخدمان كلمة «بار». وأيا كانت الترجمة المستخدمة ففي اللغة الأصلية هما كلمة واحدة.

إن المشكلة في استخدام كلمة «متبرر» في أنه يميل معظم الناس للاحتفاظ باستخدام تلك الكلمة في إطار المعاملات القانونية الخاصة بالحياة. وهناك عالياً في محكمة السماء البعيدة نجدهم يجادلون قائلين: حدث شيء ما والآن كل شيء على ما يرام. ولكن هذا يُعبر عن نصف معنى الكلمة فقط. فمعنى إن تكون متبرراً تعني «أنك بار». أفضل كلمة «بار» لأنها تأتي بالمعنى المطلوب، أما «متبرر» فهي تبدو كأنها تصف الصيغة الرسمية القانونية التي يجب التعامل بها في محكمة بعيدة في مكان ما ولا تنطبق كثيراً على حياتي. أما «بار» فتتعلق بالاستخدام على مستوى الحياة اليومية.

يخبرنا الكتاب المقدس أننا قد تبررنا بدم يسوع. لست مبرراً إن لم تكن باراً في حياتك اليومية. فالأمر أكثر من مجرد طقوس قانونية؛ كما أنه أكثر من مجرد تغيير عبارات. إذ أنه تغييرٌ جذري يحدثه دم يسوع في الشخصية وأسلوب الحياة.

فيما يلي طريقة أخرى لفهم معنى كلمة «متبرر». فيمكننا أن نفسرها: أصبحت وكأني لم أخطئ البتة. ولماذا ؟ لأني قد تبررت ببر ليس من ذاتي وإنما هو بر يسوع المسيح. وهذا البر ليس لديه أي تسجيلات للخطية أو للماضي الذي كان يحتاج للغفران. والآن هذه هي حالتي أمام الله.

انظر إلى (رومية ٣: ٢٣ - ٢٥):

«**إِذِ الْجَمِيعُ أَخْطَأُوا وَأَعْوَزَهُمْ مَجْدُ اللهِ، مُتَبَرِّرِينَ** (صرنا أبراراً) **مَجَّاناً** (عن غير استحقاق) **بِنِعْمَتِهِ بِالْفِدَاءِ الَّذِي بِيَسُوعَ الْمَسِيحِ، الَّذِي قَدَّمَهُ اللهُ كَفَّارَةً بِالإِيمَانِ بِدَمِهِ، لإِظْهَارِ بِرِّهِ، مِنْ أَجْلِ الصَّفْحِ عَنِ الْخَطَايَا السَّالِفَةِ بِإِمْهَالِ اللهِ.**»

وأنا ممتن جداً لكلمة مجاناً الواردة في هذه الآية. فمجاناً تعني «دون أن تكتسبها». وغالباً ما تكون المشكلة مع المتدينين هي أنهم يحاولون اكتساب البر ولا ينجحون في ذلك البتة. فالبر الذي تتحدث عنه الأسفار المقدسة لا يمكن اكتسابه. بل يجب نواله بالإيمان كهبة مجانية وإما فلن تناله أبداً.

يعلن بولس في (رومية ٤: ٤ - ٥) أمراً مناقضاً لما يتوقعه المتدينون تماماً.

«**أَمَّا الَّذِي يَعْمَلُ فَلاَ تُحْسَبُ لَهُ الأُجْرَةُ عَلَى سَبِيلِ نِعْمَةٍ، بَلْ عَلَى سَبِيلِ دَيْنٍ. وَأَمَّا الَّذِي لاَ يَعْمَلُ وَلَكِنْ يُؤْمِنُ بِالَّذِي يُبَرِّرُ الْفَاجِرَ، فَإِيمَانُهُ يُحْسَبُ لَهُ بِرّاً**».

لكي ننال البر الذي يمنحه لنا الله بالإيمان، علينا أولاً أن نتوقف عن العمل لأجل الحصول عليه، والتوقف عن محاولة اكتسابه. فالله يمنحنا برا لا يمكننا اكتسابه إطلاقاً لأنه هبة مجانية.

الحق الأساسي العظيم في الإنجيل هو: أن الله يجعل غير الأبرار أبراراً. ويقول في (٢كورنثوس٥: ٢١) «**لأَنَّهُ جَعَلَ** (يسوع) **الَّذِي لَمْ يَعْرِفْ خَطِيَّةً، خَطِيَّةً لأَجْلِنَا، لِنَصِيرَ نَحْنُ بِرَّ اللهِ فِيهِ**».

ترسم هذه الآية صورة للمبادلة الكاملة. فقد جعل الله يسوع خطية بإثمنا حتى نصير نحن أبراراً ببره. وهذا البر متاحٌ بالإيمان بدمه ولا يمكن نواله على أي أساس آخر.

يثمر هذا البر نتائج محددة وفورية ويمكن ملاحظتها. وإحدى هذه النتائج هي الجُرأة. وهي أمر يفتقر إليه الكثير من المؤمنين المعاصرين. فهم جبناء ودفاعيون في كلامهم ويميلون للتنازل عندما يواجهون الشر أو إبليس. وهذه ليست

صورة البر الذي تصوره الأسفار: «**اَلشِّرِّيرُ يَهْرُبُ وَلاَ طَارِدَ، أَمَّا الصِّدِّيقُونَ** (الأبرار) **فَكَشِبْلٍ ثَبِيتٍ** (جرئ)» (أمثال ٢٨: ١).

السبب الأساسي للجبن عند الكثير من المؤمنين الذين يعلنون ولاءهم لله، هو أنهم لا يمتلكون إعلاناً عن حقيقة كونهم أبراراً في نظر الله، أي أنهم أبرارٌ تماماً مثل يسوع المسيح نفسه. عندما ننال ذلك الإعلان، يجعلنا جسورين فيمكننا بذلك أن نشهد **شهادتنا الرابعة** قائلين:

أنا متبرر بدم يسوع، فقد جعلني باراً كما لو كنت لم أفعل خطية البتة.

التقديس

ننتقل الآن إلى الجانب الخامس من شهادتنا وهو التقديس. تتحدث (عبرانيين١٣: ١٢) عن قوة دم يسوع المقدسة «**لِذَلِكَ يَسُوعُ أَيْضاً، لِكَيْ يُقَدِّسَ الشَّعْبَ بِدَمِ نَفْسِهِ، تَأَلَّمَ خَارِجَ الْبَابِ**».

يقدس تعني أن «يجعل مقدساً». وتشتمل القداسة على معنى «مخصص ومكرس لله».

لا يأتي التقديس بالأعمال أو بالمجهود مثله مثل البر،

ولا يأتي من التدين. وإنما يأتي بالإيمان بدم يسوع. وعندما تتقدس بدمه فأنت بهذا مخصص لله.

لهذا يقول بولس في (كولوسي ١: ١٣): «**الَّذِي** (الله) **أَنْقَذَنَا مِنْ سُلْطَانِ الظُّلْمَةِ** (سلطة الظلمة وهي مجال سلطة الشيطان) **وَنَقَلَنَا إِلَى مَلَكُوتِ ابْنِ مَحَبَّتِهِ**».

فبالإيمان بدم يسوع ينتزعنا الله من مجال سلطة الشيطان وينقلنا (يحملنا) إلى ملكوت الله ويسوع المسيح.

كلمة «**نقلنا**» تعني «حملنا من مكان لمكان آخر». ويقصد بها الكتاب المقدس النقل الكلي الكامل. وفي العهد القديم هناك رجلان نقلهم (حملهم) الله من الأرض إلى السماء وهما أخنوخ وإيليا. وقد ذهب كلاهما بالكامل والشيء الوحيد الذي خلفه إيليا ورائه هو رداؤه، أما جسده فقد ذهب معه.

فيما يلي ما أفهمه من كلمات بولس: نقلنا الله بالكامل من مملكة الظلمة إلى ملكوت نور الله المبهر! ولا يقول الكتاب المقدس إنه سوف ينقلنا، وإنما يقول إنه نقلنا ـ روحاً ونفساً وجسداً. فلم نعد في أرض إبليس بعد، أي لم نعد تابعين لنواميس إبليس. لأننا في ملكوت ابن الله ونخضع لنواميسه.

علاوة على ذلك تضيف (رومية ٨: ٢) تعريفاً لناموسين آخرين: «**لأَنَّ نَامُوسَ رُوحِ الْحَيَاةِ فِي الْمَسِيحِ يَسُوعَ قَدْ أَعْتَقَنِي مِنْ نَامُوسِ الْخَطِيَّةِ وَالْمَوْتِ**».

نرى في هذه الآية أن ناموس إبليس هو ناموس الخطية والموت، كما نرى أن ناموس ملكوت الله هو ناموس روح الحياة في المسيح يسوع. فنحن إذاً أمام مملكتين لكل واحدةٍ منها نواميسها الخاصة والمناقضة للأخرى. يوضح بولس الأمر من خلال اختباره الشخصي: فلم أعد فيما بعد في أرض إبليس، ولست تابعاً لناموس إبليس. ولا تنطبق قوانين مملكته عليّ لأن الله قد نقلني لمملكة أخرى. فقد حملني الله (نقلني من مكان لآخر) روحاً ونفساً وجسداً.

إذا فشهادتنا الخامسة هي:

دم يسوع قدسني، وجعلني مقدساً، وأنا مخصص لله.

وها هي الخمس شهادات التي يمكن لكل منا أن يقدمها عن دم يسوع:

* **بدم يسوع، افتداني الله من يد إبليس.**

* **بدم يسوع، غفر الله جميع خطاياي.**

* دم يسوع المسيح ابن الله يطهرني من جميع خطاياي الآن وباستمرار.

* بدم يسوع أنا مبرر، وقد جعلني الله باراً كما لو كنت لم أخطئ البتة.

* دم يسوع قدسني، وجعلني مقدساً، وأنا مخصص لله.

عندما نشهد لدم يسوع، يُدْلي الروح القدس بشهادته عن عمل فداء يسوع في حياتنا. وشهادتنا هي التي تطلق مفعول الدم في حياتنا. وتوقفنا عن الشهادة يجعله بلا أي تأثير. فشهادتنا الشخصية تهزم الشيطان. ويساعدنا هذا على فهم السبب وراء حدوث الكثير من المقاومة عندما نبدأ في الشهادة، إذ أننا عند تلك النقطة بالتحديد نؤذي إبليس. يمكننا أن نؤمن بكل ما نريد ولكن لن ينزعج إبليس إلا عندما نشهد. ويفعل كل ما يمكنه ليثبط عزمنا، ويفزعنا ويمنعنا من الحديث وذلك لأن شهادتنا هي التي تجعل قوة الله مؤثرة ضده.

(١٢)

أي نوع من الناس

ذكـرت في الفصـل السـابق خمسـة إعلانـات كتابيـة عـن دم يسـوع. وذكـرت أيضـاً أن الاسـتمرار في النطـق بهذه الإعلانـات هـو مفتـاح حياة النصـرة على الخطية والشـيطان. ويمكننـي أن أتخيـل بسـهولة أن البعـض قـد يتجاوبـون مـع الأمـر قائلين: هـل حقـاً الأمـر بهذه السـهولة؟ و هـل ذلـك هـو كل مـا علينـا عملـه؟

وهـا هـي الإجابـة: لا يعتمـد مفتـاح النجـاح فقـط علـى مـا نقولـه بـل علـى مـا نكـون عليـه. وستتذكر أن (رؤيـا ١٢ : ١١) تتحـدث عـن هـؤلاء الذيـن انتصـروا علـى الخطيـة والشـيطان كمـا يلـي: «وَلَمْ يُحِبُّوا حَيَاتَهُمْ حَتَّى الْـمَوْتِ».

كيـف نفهـم ذلـك؟ لقـد بحثـت في عـدة ترجمات للكتـاب المقدس و لكننـي لـم أعثـر علـى مـا يقـدم لذهنـي صـورة مُرضيّـة عـن نوعيـة النـاس الذيـن يذكرهـم. فمـا معنـى «وَلَمْ يُحِبُّوا حَيَاتَهُمْ حَتَّى الْـمَوْتِ»؟

فيما يلي تفسيري الشخصي لهذه العبارة. أعتقد أنه بالنسبة لهؤلاء الناس، كان تنفيذ مشيئة الله أكثر أهمية من البقاء على قيد الحياة. وإن وجدوا أنفسهم مُخيّرين بين تنفيذ مشيئة الله أو الموت، فسوف يدفعون حياتهم عن طيب خاطر دون البحث عن مخرج أو بديل.

يمكنني أن استخدم كلمة «مكرسين» لأصف هؤلاء، فمثل هؤلاء مكرسون لطاعة كلمة الله و لتنفيذ مشيئته بغض النظر عن نتائج ذلك على حياتهم.

يصف (لوقا ٩: ٢٣-٢٤) جمعاً متحمساً يتبع يسوع بعد أن أثارتهم المعجزات التي شهدوها. أما يسوع فواضح أنه كان مهتماً بالتكريس الشخصي أكثر من ذلك الحماس:

«وَقَالَ لِلْجَمِيعِ: إِنْ أَرَادَ أَحَدٌ أَنْ يَأْتِيَ وَرَائِي فَلْيُنْكِرْ نَفْسَهُ وَيَحْمِلْ صَلِيبَهُ كُلَّ يَوْمٍ وَيَتْبَعْنِي. فَإِنَّ مَنْ أَرَادَ أَنْ يُخَلِّصَ نَفْسَهُ يُهْلِكُهَا، وَمَنْ يُهْلِكُ نَفْسَهُ مِنْ أَجْلِي فَهَذَا يُخَلِّصُهَا.»
(لوقا ٩: ٢٣-٢٤).

لا تعدنا رسالة يسوع بطريق سهل في الحياة. بل على العكس يحثنا يسوع في الموعظة على الجبل قائلاً:

«ادْخُلُوا مِنَ الْبَابِ الضَّيِّقِ، لأَنَّهُ وَاسِعٌ الْبَابُ وَرَحْبٌ الطَّرِيقُ

الَّذي يُؤَدِّي إلى الْهَلاَك، وَكَثيرُونَ هُمُ الَّذينَ يَدْخُلُونَ منْهُ! مَا أَضْيَقَ الْبَابَ وَأَكْرَبَ الطَّرِيقَ الَّذي يُؤَدِّي إِلَى الْحَيَاة، وَقَليلُونَ هُمُ الَّذِينَ يَجِدُونَهُ!» (متى ٧ : ١٣ -١٤)

فان كان تصورك عن الحياة المسيحية لايشتمل على المطلب الإلهي بالتضحية والتخلي عن حياتك، فلابد وأن تشك في الطريق الذي تسلك فيه. قد تكتشف أنك في الطريق الرحب السهل الذي يؤدى إلى الهلاك ولست في الطريق الضيق الكرب الذي يؤدى إلى الحياة. وتركز بعض الخدمات في الكنيسة المعاصرة على بركات الحياة المسيحية وفوائدها فقط ولا تتحدث البتة عن الشروط التي يجب أن نستوفيها لكي ننال تلك البركات والفوائد. ويمكن أن تشبه تلك الخدمات بتاجر يعرض أنواعاً جذابة من البضائع، ولكنه لا يضع عليها أبداً بطاقة السعر.

كثيراً ما تباركني وتستوقفني رواية لوقا عن رحلة بولس إلى روما المذكورة في (أعمال ٢٧ و٢٨). فهي لم تكن رحلة عارضة بل كانت تحركاً حيوياً واستراتيجياً لإتمام مقاصد الله. وقد أوكل الله لبولس طبقاً لـ (غلاطية ٢: ٧) مسئولية توصيل الإنجيل للذين هم في «**الغرلة**»، أي كل العالم الذي كان يطلق عليه «**الأمم**». وسيكون مفتاح ذلك هو تأسيس

مركزٍ في مدينة روما. سينتقل الإنجيل تلقائياً إلى العالم القديم بأسره من خلال قنوات مختلفة. وهي قنوات التجارة، والتعليم، والمال، والحكومات، والاتصال الاجتماعي الطبيعي. كان هو أفضل شخص مؤهل لتأسيس مثل هذا المركز في روما بسبب دعوته الخاصة.

واجه بولس مقاومة روحية هائلة في رحلته إلى هناك بسبب أهمية انتقاله إلى روما. ولا أعرف إن كان في أيام بولس ما يماثل الرحلات البحرية المرفهة المنتشرة اليوم، لكنني متأكد أن بولس لم يكن على متن واحدة من مثل هذه الرحلات. بل إنه على العكس، كان مسافراً على متن سفينة لشحن البضائع، سجيناً مكبلاً بالأصفاد. وبالإضافة لذلك تعرضت السفينة لعاصفة رهيبة لدرجة أن كل من كانوا على متنها لم يروا الشمس نهاراً ولا القمر والنجوم ليلاً لمدة أسبوعين كاملين.

دعني أذكر لك أن عاصفة بمثل هذه الشدة لم يكن مصدرها القوى الطبيعية. ويذكر العهد القديم أمثلة على ذلك. فيسجل لنا (أيوب ١: ١٩) على سبيل المثال عاصفة خارقة وجهها الشيطان ضد أبناء أيوب وبناته. فجاء رسول إلى أيوب يحمل إليه النبأ التالي:

«وَإِذَا رِيحٌ شَدِيدَةٌ جَاءَتْ مِنْ عَبْرِ الْقَفْرِ وَصَدَمَتْ زَوَايَا الْبَيْتِ الأَرْبَعَ، فَسَقَطَ عَلَى الْغِلْمَانِ فَمَاتُوا، وَنَجَوْتُ أَنَا وَحْدِي لأُخْبِرَكَ».

يمكنني أن أقول أن أي عاصفة تضرب الأركان الأربعة لمبنى ما وبشكلٍ فجائيٍّ ومن كل الاتجاهات، فغالباً ما يكون الشيطان وراءها وهذا من واقع السنوات العديدة التي قضيتها في الخدمة.

لنعود للعاصفة المذكورة في (أعمال ٢٧)، ونواصل قراءة ما يرويه لوقا :

«فَلَمَّا حَصَلَ صَوْمٌ كَثِيرٌ حِينَئِذٍ وَقَفَ بُولُسُ فِي وَسَطِهِمْ وَقَالَ: كَانَ يَنْبَغِي أَيُّهَا الرِّجَالُ أَنْ تُذْعِنُوا لِي وَلاَ تُقْلِعُوا مِنْ كرِيتَ فَتَسْلَمُوا مِنْ هَذَا الضَّرَرِ وَالْخَسَارَةِ. وَالآنَ أُنْذِرُكُمْ أَنْ تُسَرُّوا، لأَنَّهُ لاَ تَكُونُ خَسَارَةُ نَفْسٍ وَاحِدَةٍ مِنْكُمْ إِلاَّ السَّفِينَةَ. لأَنَّهُ وَقَفَ بِي هَذِهِ اللَّيْلَةَ مَلاَكُ الإِلَهِ الَّذِي أَنَا لَهُ وَالَّذِي أَعْبُدُهُ (أخدمه).» (أعمال ٢٧: ٢١ - ٢٣).

استخدم بولس هنا عبارتين لوصف علاقته مع الله وهما : «**الذي أنا له**» و«**الذي أعبده**» ولا يمكننا أن نفصل بينهما في تنظيم عائلة الله. فإن لم نكن لله فلن يكن لنا الحق في أن

نعبده (نخدمه). فلا يوجد مأجورون في عائلة الله. ولا يمكننا من جهة أخرى أن نكون له إن لم يكن بإمكانه أن يسند لنا دوراً في خدمته. فالله لا يرحب في أسرته بالأنانيين المدللين الذين يطلقون العنان لأهوائهم وشهواتهم. فليس لهم مكان في ملكوته.

يميز ناموس موسى بين نوعين من الخدام، **النوع الأول**: هم من يحصلون على أجرهم يوميا ويطلق عليهم مأجورين. وهم ليسوا بأعضاء في الأسرة التي يخدمونها. **والنوع الثاني**: هم أعضاء العائلة الذين لا يحصلون بالضرورة على أجر مقابل خدماتهم. إذ أن ذلك ببساطة هو رد فعلهم الطبيعي تجاه الامتيازات التي يتمتعون بها كأعضاء في الأسرة. وأما الأسرة التي ينتمون لها فتتحمل مسئوليتها في الدفاع عنهم سواء كانوا يعملون بها أم لا.

في ملكوت الله لا مكان للمأجورين، فمن يخدمون في مملكة الله يخدمونه لأنهم أعضاء في الأسرة. وهذا يعني أنه لا يمكننا أن نفصل بين العبارتين اللتين استخدمهما بولس لوصف نفسه وهما: «**الذي أنا له**» و«**الذي أعبده**». ودعني أكرر أننا إن لم نكن لله فليس لنا الحق في أن نخدمه.

لا يمكننا أن نكون له إن لم يكن بإمكانه أن يُسْنِدَ لنا دوراً في خدمته. فالله لا يرحب في أسرته بالأنانيين المدللين الذين يطلقون العنان لأهوائهم وشهواتهم.

أخيراً، ارتطمت السفينة التي سافر بها بولس و رفقاؤه ارتطاماً عنيفاً ببروز جبلي داخل البحر وتحطمت على الصخر، مما أعطى لركابها فرصة للنجاة إلى الأرض اليابسة.

هل سبق لك أن تساءلت: هل كان بولس في مشيئة الله في وسط كل هذه الاختبارات؟ كما أشرت من قبل، أثق بأن بولس كان في مشيئة الله تماماً، وأن الله قد رتب لرحلته إلى روما بالكامل. ولكن القوى الشيطانية التي تخاف ذلك التأثير المحتمل لخدمة بولس في روما، فعلت كل ما بوسعها لتهلكه قبل وصوله إلى مقصده. ولم تكن العاصفة التي واجهها عاصفة بفعل العوامل الطبيعية بل أحدثتها قوىً شيطانية في السماويات.

يسمح الله أحيانا، بحكمته الإلهية لخدامه الذين يفعلون مشيئته أن يتعرضوا لحقد الشيطان وغيظه. لأنه بهذه الطريقة ينالون البصيرة لا لمعرفة الطبيعة الحقيقية للقوى التي تقاومهم فحسب بل ولاحتياجهم الشخصي إلى اليقظة المستمرة.

يحذر بطرس الرسول رفقاءه المؤمنين في (١بطرس٥: ٨) قائلاً: «**أُصْحُوا وَاسْهَرُوا (لأَنَّ) إِبْلِيسَ خَصْمَكُمْ كَأَسَدٍ زَائِرٍ، يَجُولُ مُلْتَمِساً مَنْ يَبْتَلِعُهُ هُوَ.**» وسيكون اختباراً مرعباً أن تواجه أسداً جائعاً في سعيه للبحث عن فريسة! والكتاب المقدس لا يغرس الخوف في نفوسنا، لكنه من ناحية أخرى لا يشجعنا على الاستخفاف بقوة المقاومة الشيطانية وضراوتها.

ولم يبق أمام الشيطان سوى تحدٍّ واحدٍ بعد تحطم السفينة. فقد بدأ الذين نجوا في جمع وقود للنار. لم يكتف بولس الرسول العظيم بمجرد الوقوف بعيداً منتظراً أن يقوم الآخرون بتلك الأعمال الوضيعة، بل كان مع أول من بدأ في جمع الوقود. واستغل الشيطان تلك الفرصة للقيام بمحاولة أخيرة لإهلاك بولس: «**فَخَرَجَتْ مِنَ** (تلك القضبان بسبب) **الْحَرَارَةِ أَفْعَى وَنَشِبَتْ فِي يَدِهِ** [بولس]» (أعمال ٢٨: ٣ ـ ٥). لماذا اختارت تلك الأفعى بولس من بين جميع الركاب البالغ عددهم ٢٧٦ شخصاً ليكون ضحيتها؟ وهل هناك عقل خارق يحرك تلك الأفعى؟

أما بولس فكان ممتلئاً بالروح القدس. ولم يشعر بالاحتياج للصلاة أو التكلم بالألسنة. إنما ولدهشة سكان الجزيرة المحليين، الذين يعلمون كم هي مميتة لدغة

الأفعى، فقد نفض بولس الأفعى ببساطة في النار واستمر في جمع الوقود.

ما هو سر حياة بولس المنتصرة؟ يوضح هو بنفسه ذلك في (٢تيموثاوس ١: ١٢) قائلاً:

«لِهَذَا السَّبَبِ أَحْتَمِلُ هَذِهِ الأُمُورَ أَيْضاً. لَكِنَّنِي لَسْتُ أَخْجَلُ، لأَنَّنِي عَالِمٌ بِمَنْ آمَنْتُ، وَمُوقِنٌ أَنَّهُ قَادِرٌ أَنْ يَحْفَظَ وَدِيعَتِي (حرفيا تكريسي) إِلَى ذَلِكَ الْيَوْمِ.»

ويمكن أن نلخص سر حياة بولس المنتصرة في تلك الكلمة: «وديعتي (تكريسي)». فقد وضع بولس نفسه تحت تصرف الله بالكامل. ويعلن في (فيلبى ٣: ١٣-١٤) أن هدف حياته الأسمى هو:

«أَيُّهَا الإِخْوَةُ، أَنَا لَسْتُ أَحْسِبُ نَفْسِي أَنِّي قَدْ أَدْرَكْتُ، وَلَكِنِّي أَفْعَلُ شَيْئاً وَاحِداً: إِذْ أَنَا أَنْسَى مَا هُوَ وَرَاءُ وَأَمْتَدُّ إِلَى مَا هُوَ قُدَّامُ. أَسْعَى نَحْوَ الْغَرَضِ لأَجْلِ جَعَالَةِ دَعْوَةِ اللهِ الْعُلْيَا فِي الْمَسِيحِ يَسُوعَ».

تفصل بعض دوائر الكنيسة المعاصرة بين الخلاص والقداسة وهو أمر غير كتابي بالمرة. فتقدم القداسة على أنها أحد أشكال «الإضافة» الاختيارية لصفقة الخلاص الشاملة.

مثلما يعلن مسئولوا الرحلات السياحية عن أحد عروضهم قائلين: «قد دفعت تكاليف رحلتك إلى «الأراضي المقدسة» وان دفعت مبلغاً إضافياً قدره ١٠٠ جنيه إسترليني، فسوف تستمتع بزيارة إلى مصر ورحلة بالباخرة عبر نهر النيل».

يمثل هذا أحد الاتجاهات غير الكتابية فيما يتعلق بالقداسة. إذ يحثنا كاتب (العبرانيين ١٢: ١٤) قائلاً: «**اتْبَعُوا السَّلاَمَ مَعَ الْجَمِيعِ، وَالْقَدَاسَةَ الَّتِي بِدُونِهَا لَنْ يَرَى أَحَدٌ الرَّبَّ**» فليست القداسة «إضافة» اختيارية لصفقة الخلاص الشاملة. بل على العكس، بدون القداسة لن يرى أحد الرب.

يطالب بولس رفقاءه المؤمنين بالانضمام إليه في سعيه نحو تحقيق القداسة فيقول لهم في (٢ كورنثوس٧: ١): «**فَإِذْ لَنَا هَذِهِ الْمَوَاعِيدُ أَيُّهَا الأَحِبَّاءُ لِنُطَهِّرْ ذَوَاتِنَا مِنْ كُلِّ دَنَسِ الْجَسَدِ وَالرُّوحِ، مُكَمِّلِينَ الْقَدَاسَةَ فِي خَوْفِ اللهِ**».

القداسة الشخصية ليست أمراً سيفعله الله نيابة عنا. بل هي أمر يمنحنا الله النعمة لنفعله بأنفسنا.

ولا يمكن فصله عن خوف الله. فهو المتمم المنطقي لتكريسنا الشخصي ليسوع كما أنه شرط جوهري للانتصار الذي وعدنا به الله على الشيطان.

تقـدم لنـا الآيتـان الأخيرتـان مـن سـفر الأعمـال صـورة رائعـة عـن الانتصـار الـذي ختـم رحلـة بولـس الرائعـة (أعمـال ٢٨: ٣٠-٣١):

«**وَأَقَامَ (بُولُسُ) سَنَتَيْنِ كَامِلَتَيْنِ فِي بَيْتٍ اسْتَأْجَرَهُ لِنَفْسِهِ. وَكَانَ يَقْبَلُ جَمِيعَ الَّذِينَ يَدْخُلُونَ إِلَيْهِ، كَارِزاً بِمَلَكُوتِ اللهِ، وَمُعَلِّماً بِأَمْرِ الرَّبِّ يَسُوعَ الْمَسِيحِ، بِكُلِّ مُجَاهَرَةٍ بِلاَ مَانِعٍ**».

إنّ التعليـق المناسـب علـى ذلـك هـو: « **تمت المهمـة!**» فقـد بـدأت بشـارة الإنجيـل تتوجـه للأمـم فـي رومـا وهـي المدينـة التـي كانـت تسـيطر علـى جميـع أنحـاء العالـم القديـم الـذي يسـمى الأمـم!

ولكـن هنـاك أمـر يمكننـا أن نطبقـه جميعـاً بصفـة شـخصية علـى حياتنـا، فكـر مـرة أخـرى للحظـة فـي المؤمنيـن الذيـن يصفـهم الكتـاب فـي (رؤيـا ١٢: ١١) بأنهـم «**لَمْ يُحِبُّوا حَيَاتَهُمْ حَتَّى الْمَوْتِ**» فـلا بـد وأن نسـأل أنفسـنا: هـل هـذا الكـلام ينطبق علـيّ؟

فـإن لـم يمكنـك الإجابـة علـى هـذا السـؤال بنعـم واثقـة، فـإن الـروح القـدس يدعـوك الآن أن تقـدم للـرب يسـوع تكريسـاً شـخصياً بـلا تحفظـات. ويمكنـك أن تقـول لـه:

ربى يسوع، أشكرك لأنك وضعت نفسك على الصليب من أجلي.

لهذا أقدم نفسي لك بدون تحفظات، لكي أعيش حياتي في خدمتك ولمجدك. آمين!

الملحق

ها هي الشهادات الخمس المتعلقة بدم يسوع:

- بدم يسوع، افتداني الله من يد إبليس .

- بدم يسوع، غفر الله جميع خطاياي.

- دم يسوع المسيح ابن الله، يطهرني من جميع خطاياي الآن وباستمرار.

- بدم يسوع، بررني الله وجعلني باراً كما لو كنت لم أفعل خطية على الإطلاق.

- بدم يسوع، قدسني الله وجعلني مقدساً ومخصصاً له.

نبذة عن حياة الكاتب

وُلـد ديريـك بـرنس فـي الهنـد لأبويـن بريطانيَّيـن. درس اليونانيـة واللاتينيـة فـي إثنيـن مـن أشـهر المعاهـد التعليميـة، جامعـة إيتـون وجامعـة كمبريـدج مـن ١٩٤٠ إلـى ١٩٤٩. حصـل على الزمالـة مـن جامعـة King بكمبريـدج وتخصـص فـي الفلسفة القديمـة والحديثة. درس العبريـة والآراميـة أيضـا فـي كل مـن جامعـة كمبريـدج والجامعـة العبريـة فـي القـدس. وبالإضافـة إلـى ذلـك يتحـدث ديريـك عـدداً مـن اللغـات المعاصـرة.

فـي أوائـل سـنين الحـرب العالميـة الثانيـة، بينمـا كان يخـدم مـع الجيـش البريطانـي كمشـرف مستشـفى، إختبـر ديريـك بـرنس لقـاء مغيـر للحيـاة مـع يسـوع المسـيح.

عن هذا اللقاء كتب ديريك برنس:

مـن هـذا اللقـاء خرجـت بنتيجتيـن لـم أقابـل مـا يجعلنـي أتغيـر مـن جهتهمـا:

الأولى هى أن يسوع المسيح حيٌّ.

والثانية هى أن الكتاب المقدس صادق، عملي وعصري.

هاتان النتيجتان غيرتا مسار حياتي جذريا وبلا رجعة.

في نهاية الحرب العالمية الثانية، ظل ديريك برنس (حيث أرسله الجيش البريطاني) في القدس. وتزوج من زوجته الأولى ليديا، أصبح أباً بالتبني لثماني فتيات. شهدت العائلة معاً إعادة قيام دولة إسرائيل في ١٩٤٨. وبينما كان ديريك وليديا في كينيا يعملان كمعلمين، تبنيا إبنتهما التاسعة – طفلة أفريقية. توفيت ليديا في عام ١٩.٧٥ وفي عام ١٩٧٨ تزوج ديريك من روث بيكر لمدة ٢٠ سنة .سافرا معاً الى كل أنحاء العالم يعلمان الحق الكتابي المعلن ويشاركان الرؤية النبوية في أحداث العالم في ضوء الكتاب المقدس. توفيت روث في ديسمبر ١٩٩٨.

إتجاه ديريك المتجرد من الطائفية والتحيز فتح أبواباً لسماع تعاليمه عند أناس من خلفيات عرقية ودينية مختلفة، وهو معروف دولياً كأحد قادة تفسير الكتاب المعاصرين. يصل برنامجه الإذاعي اليومي، «مفاتيح الحياة الناجحة » إلى نصف العالم في ١٣ لغة تتضمن الصينية والروسية والعربية والأسبانية.

بعض الكتب الخمسين التي كتبها ديريك برنس قد تُرجمت إلى ٦٠ لغة مختلفة. منذ ١٩٨٩ يوجد تركيز على شرق أوربا ودول الإتحاد المستقلة (الكومنولث والمعروفة بالإتحاد السوفيتي سابقاً) ويوجد أكثر من مليون نسخة متداولة بلغات هذه الدول. مدرسة الكتاب المقدس المسجلة على الفيديو لديريك برنس تشكل أساساً لعشرات من مدارس الكتاب الجديدة في هذا الجزء من العالم الذي لم يكن مخدوماً من قبل.

من خلال البرنامج الكرازي العالمي، وزعت خدمة ديريك برنس مئات الألوف من الكتب وأشرطة الكاسيت للرعاة والقادة في أكثر من ١٢٠ دولة - للذين لم يكن لديهم وسيلة للحصول على مادة تعليمية للكتاب أو لم يكن لديهم المقدرة المادية لشرائها.

يوجد المركز الرئيسي الدولي لخدمة ديريك برنس في شارلوت بولاية شمال كارولينا، ويوجد فروع للخدمة في المملكة المتحدة و أستراليا وكندا وفرنسا وألمانيا وهولندا ونيوزيلاندا وسنغافورة وجنوب أفريقيا ويوجد موزعون في دول كثيرة أخرى.

إصدرات أخرى لديريك برنس العربية

كتب:

- اسس الإيمان.
- يخرجون الشياطين.
- الكفارة.
- الإيمان الذي به نحيا.
- الحرب في السماويات.
- تلبسون قوة.
- أزواج وآباء.
- الدخول الى محضر الله.
- تشكيل التاريخ.
- عهد الزواج.
- مواجهة الأيام الأخيرة.
- شركاء مدى الحياة.
- الدواء الإلهي.
- الشكر التسبيح العبادة.
- العبور من اللعنة الى البركة.
- أسرار المحارب في الصلاة.
- دراسات شخصية في الكتاب المقدس.
- القوة الروحية المغيرة للحياة.
- ما جمعه الله.

كتيبات:

- المبادلة الإلهية العظمى.
- الأبوة.
- المصارعة الروحية.
- الروح القدس فينا.
- الرفض.
- ومتى صمتم.
- فكر الله من نحو المال.
- هل يحتاج لسانك الى شفاء؟
- الخلاص الكامل.
- المحبة المسرفة.
- الصلاة من أجل الحكومة.
- مشيئة الله لحياتك.

Derek Prince
Ministries-Arabic
ديريك برنس

You Tube
ديريك برنس

name.dpm.www
موقع خدمة ديريك برنس
باللغة العربية

GET IT ON
Google Play
https://goo.gl/7wfl9v
برنامج خدمة ديريك برنس للأندرويد

إذا لمسك الرب من خلال هذا الكتاب
شاركنا باختبارك على:

info@dpm.name

+447477151750

DPM